Qualitative Sozialforschung

Herausgegeben von
R. Bohnsack, Berlin, Deutschland
U. Flick, Berlin, Deutschland
Chr. Lüders, München, Deutschland
J. Reichertz, Essen, Deutschland

Weitere Bände in dieser Reihe
http://www.springer.com/series/12481

Die Reihe Qualitative Sozialforschung
Praktiken – Methodologien – Anwendungsfelder

In den letzten Jahren hat vor allem bei jüngeren Sozialforscherinnen und Sozialforschern das Interesse an der Arbeit mit qualitativen Methoden einen erstaunlichen Zuwachs erfahren. Zugleich sind die Methoden und Verfahrensweisen erheblich ausdifferenziert worden, so dass allgemein gehaltene Orientierungstexte kaum mehr in der Lage sind, über die unterschiedlichen Bereiche qualitativer Sozialforschung gleichermaßen fundiert zu informieren. Notwendig sind deshalb Einführungen von kompetenten, d. h. forschungspraktisch erfahrenen und zugleich methodologisch reflektierten Autorinnen und Autoren.

Mit der Reihe soll Sozialforscherinnen und Sozialforschern die Möglichkeit eröffnet werden, sich auf der Grundlage handlicher und überschaubarer Texte gezielt das für ihre eigene Forschungspraxis relevante Erfahrungs- und Hintergrundwissen über Verfahren, Probleme und Anwendungsfelder qualitativer Sozialforschung anzueignen.

Zwar werden auch grundlagentheoretische, methodologische und historische Hintergründe diskutiert und z. T. in eigenständigen Texten behandelt, im Vordergrund steht jedoch die Forschungspraxis mit ihren konkreten Arbeitsschritten im Bereich der Datenerhebung, der Auswertung, Interpretation und der Darstellung der Ergebnisse.

Herausgegeben von
Prof. em. Dr. Ralf Bohnsack
Berlin, Deutschland

Prof. Dr. Uwe Flick
Freie Universität Berlin,
Deutschland

Dr. Christian Lüders
Deutsches Jugendinstitut
München, Deutschland

Prof. em. Dr. Jo Reichertz
Kulturwissenschaftliches Institut
Essen, Deutschland

Arnd-Michael Nohl

Interview und Dokumentarische Methode

Anleitungen für die Forschungspraxis

5., aktualisierte und erweiterte Auflage

Arnd-Michael Nohl
Helmut Schmidt Universität
Hamburg, Deutschland

Qualitative Sozialforschung
ISBN 978-3-658-16079-1   ISBN 978-3-658-16080-7 (eBook)
DOI 10.1007/978-3-658-16080-7

Die Deutsche Nationalbibliothek verzeichnet diese Publikation in der Deutschen National-
bibliografie; detaillierte bibliografische Daten sind im Internet über http://dnb.d-nb.de abrufbar.

Springer VS
© Springer Fachmedien Wiesbaden GmbH 2006, 2008, 2009, 2012, 2017
Das Werk einschließlich aller seiner Teile ist urheberrechtlich geschützt. Jede Verwertung, die
nicht ausdrücklich vom Urheberrechtsgesetz zugelassen ist, bedarf der vorherigen Zustimmung
des Verlags. Das gilt insbesondere für Vervielfältigungen, Bearbeitungen, Übersetzungen,
Mikroverfilmungen und die Einspeicherung und Verarbeitung in elektronischen Systemen.
Die Wiedergabe von Gebrauchsnamen, Handelsnamen, Warenbezeichnungen usw. in diesem
Werk berechtigt auch ohne besondere Kennzeichnung nicht zu der Annahme, dass solche
Namen im Sinne der Warenzeichen- und Markenschutz-Gesetzgebung als frei zu betrachten
wären und daher von jedermann benutzt werden dürften.
Der Verlag, die Autoren und die Herausgeber gehen davon aus, dass die Angaben und Informa-
tionen in diesem Werk zum Zeitpunkt der Veröffentlichung vollständig und korrekt sind.
Weder der Verlag noch die Autoren oder die Herausgeber übernehmen, ausdrücklich oder
implizit, Gewähr für den Inhalt des Werkes, etwaige Fehler oder Äußerungen. Der Verlag bleibt
im Hinblick auf geografische Zuordnungen und Gebietsbezeichnungen in veröffentlichten Karten
und Institutionsadressen neutral.

Gedruckt auf säurefreiem und chlorfrei gebleichtem Papier

Springer VS ist Teil von Springer Nature
Die eingetragene Gesellschaft ist Springer Fachmedien Wiesbaden GmbH
Die Anschrift der Gesellschaft ist: Abraham-Lincoln-Str. 46, 65189 Wiesbaden, Germany

Inhaltsverzeichnis

Vorwort 1

1 Einleitung 3
   1.1 Grundzüge der Dokumentarischen Methode 4
      1.1.1 Atheoretisches Wissen und konjunktive Erfahrung 6
      1.1.2 Komparative Sequenzanalyse 7
      1.1.3 Standortgebundenheit der Interpretation
           und empirischer Vergleich 9
      1.1.4 Sinn- und soziogenetische Typenbildung 9
   1.2 Zur dokumentarischen Interpretation von Interviews 10
   1.3 Überblick über das Buch 12

2 Narrativ fundierte Interviews 15
   2.1 Leitfadengestützte Interviews 16
   2.2 Biographische Interviews 19
      2.2.1 Drei Abschnitte des biographischen Interviews 20
      2.2.2 Textsorten: Erzählung, Beschreibung, Argumentation
           und Bewertung 23
      2.2.3 Zugzwänge des Erzählens 24
      2.2.4 Erzählung und Erfahrung 25
      2.2.5 Prozessstrukturen des Lebensablaufs 26

**3 Die Methodologie der dokumentarischen Interpretation
von Interviews** 29
   3.1 Zur formulierenden Interviewinterpretation 30
   3.2 Zur reflektierenden Interviewinterpretation 31
      3.2.1 Formale Interpretation und Textsortentrennung 32

   3.2.2 Semantische Interpretation und komparative Sequenzanalyse.   35
  3.3 Zur Typenbildung   41
   3.3.1 Sinngenetische Typenbildung   41
   3.3.2 Soziogenetische Typenbildung   43
  3.4 Generalisierung empirischer Interpretationen   47

4 Die Praxis der dokumentarischen Interpretation von leitfadengestützten Interviews: Ein Beispiel von der formulierenden Interpretation bis zur sinngenetischen Typenbildung.   49
  4.1 Identifizierung zu transkribierender Interviewabschnitte mithilfe des thematischen Verlaufs   50
  4.2 Formulierende Feininterpretation   61
  4.3 Reflektierende Interpretation   65
  4.4 Bildung sinngenetischer Typen.   74

5 Die Praxis der dokumentarischen Interpretation von biographischen Interviews: Ein Beispiel von der reflektierenden Interpretation bis zur soziogenetischen Typenbildung und Generalisierung.   77
  5.1 Die ausgewählten Interviewabschnitte   80
  5.2 Reflektierende Interpretation   85
  5.3 Bildung sinngenetischer Typen.   94
  5.4 Bildung soziogenetischer Typen   96
  5.5 Generalisierung der empirischen Ergebnisse   99

6 Weiterführungen der dokumentarischen Interpretation narrativer Interviews   101
  6.1 Analysefoki jenseits des kollektiven Orientierungsrahmens   102
  6.2 Fallrekonstruktion und Sequenzanalyse.   105
  6.3 Relationale und prozessanalytische Typenbildung.   107
  6.4 Längsschnittanalyse   108
  6.5 Triangulation unterschiedlicher Erhebungsverfahren   111
  6.6 Mehrebenenvergleich   112

7 Fazit und Ausblick   115

8 Literaturverzeichnis   117

9 Anhang: Richtlinien der Transkription   123

Vorwort

Für die nunmehr fünfte Auflage wurde eine umfassendere Überarbeitung dieses Bandes notwendig, die sich nicht in der Korrektur einiger eher technischer Fehler erschöpft, sondern dem Umstand Rechnung trägt, dass die dokumentarische Interpretation narrativer Interviews zehn Jahre nach Erscheinen der Erstauflage viele Früchte getragen hat. Diese schlagen sich nicht nur in kaum mehr zu überschauenden gegenstandsbezogenen Forschungsergebnissen unterschiedlicher sozialwissenschaftlicher Disziplinen nieder (für einen Überblick mag man die einschlägigen Suchmaschinen und Datenbanken konsultieren), sondern auch in methodologischen Kritiken und Weiterführungen dieses Ansatzes. Mehrere Kolleg(inn)en haben ihre eigenen forschungspraktischen Erfahrungen zum Anlass genommen, wichtige Leer- oder Schwachstellen der dokumentarischen Interpretation narrativer Interviews auszuloten und innovativ zu nutzen. Diese Diskussion gilt es in einem neuen Kapitel 6 zu würdigen. Dem einführenden Charakter dieses Lehrbuchs entsprechend werde ich diese innovativen Möglichkeiten, soweit sie mir sinnvoll erscheinen, vorstellen. Eine intensivere (und kritischere) Auseinandersetzung mit diesen Weiterführungen bleibt hingegen einem eigenständigen Aufsatz vorbehalten, den ich parallel zu dieser Auflage in einer einschlägigen Zeitschrift veröffentlichen möchte (Nohl 2017). Eine Reflexion meiner eigenen Forschungserfahrung – unter besonderem Bezug auf die relationale Typenbildung und den Mehrebenenvergleich – liegt ohnehin schon seit einiger Zeit vor (Nohl 2013).

Um den Umfang dieses Buchs nicht zu vergrößern, wurde das bisherige Kapitel 3, das der kritischen Auseinandersetzung mit anderen Auswertungsverfahren und insbesondere mit der Narrationsstrukturanalyse von Fritz Schütze gewidmet war, gestrichen. Zwar habe ich an meiner Kritik der Narrationsstrukturanalyse (insbesondere an ihrer eingeschränkten Nutzung der komparativen Analyse und an der damit verknüpften Identifizierung des Allgemeinen im Besonderen des Einzelfalls) nichts zurückzunehmen (es gibt auch in neueren Veröffentlichungen von

Schütze [2008a u. b; 2014] keine gravierenden Revisionen seines Ansatzes), doch bin ich nicht unglücklich darüber, dass dieses Kapitel nun keinen Schatten mehr darauf wirft, wie viel meine Argumentationen nicht nur dem von Schütze entwickelten Erhebungsverfahren des narrativen Interviews, sondern – jenseits aller Kritik – auch seinem Auswertungsverfahren zu verdanken haben. Für diejenigen, die sich näher mit der Narrationsstrukturanalyse beschäftigen möchten, ist mittlerweile eine ganze Reihe einschlägiger Texte von Schütze und anderen im Social Science Open Access Repository (www.ssoar.info) zugänglich.

Für wichtige Hinweise zur 5. Auflage bedanke ich mich herzlich bei Heinz-Hermann Krüger, Rolf-Torsten Kramer, Werner Helsper, Martin Hunold, Alexander Geimer, Steffen Amling und Nils Schrewe.

Einleitung 1

Interviews und die Dokumentarische Methode zählen zu den beliebtesten Erhebungs- respektive Auswertungsverfahren der qualitativen Sozialforschung. In der Forschungspraxis wurden Interviews bereits vor 2006, dem Ersterscheinen dieses Buchs, in vielfältiger Weise auf der Basis der Dokumentarischen Methode ausgewertet, ohne dass der Zusammenhang von Interview und Dokumentarischer Methode in umfassender Weise methodologisch begründet worden wäre. In diesem Buch wird daher methodologisch untermauert, warum Interviews mit der Dokumentarischen Methode ausgewertet werden können (und sollten). Zugleich erfahren die Leser/innen anhand ausführlicher Forschungsbeispiele, wie sich in der Praxis Interviews dokumentarisch interpretieren lassen.

Im *Interview* kommen in besonderer Weise Komponenten der Alltagskommunikation zur Geltung: Geschichten erzählen, einander zuhören, argumentieren, Standpunkte deutlich machen, von Erlebnissen berichten etc.. Daher lassen sich mit diesem Erhebungsverfahren nicht nur die Perspektiven und *Orientierungen*, sondern auch die *Erfahrungen*, aus denen diese Orientierungen hervorgegangen sind, zur Artikulation bringen. Aus diesem Grund wird hier sehr darauf geachtet, dass die Interviewten nicht nur frei. d. h. ohne Vorgaben, ‚ihre Meinung sagen' können, sondern den Forschenden vor allem ihre handlungspraktischen Erfahrungen erzählen.

Die wissenschaftliche Literatur zu den unterschiedlichen Interviewverfahren ist breit angelegt und äußerst vielfältig. Am prägnantesten und am besten ausgearbeitet ist sicherlich das narrative bzw. das biographische Interview von Fritz Schütze (1983a), welches weitgehend ohne Leitfaden auskommt; wichtig sind weiterhin die leitfadengestützten Erhebungsverfahren wie etwa das problemzentrierte Interview von Andreas Witzel (1982) und das Experteninterview von Michael Meuser und Ulrike Nagel (2002). Gleich ob diese Interviews biographisch angelegt sind oder durch Leitfäden gestützt werden, haben sie eines gemeinsam: Sie sind *narrativ* fundiert, d. h. erzählgenerierend, und zielen auf die Artikulation von *Erfahrungen* und *Orientierungen* durch die Interviewten. Eben diesen Zusammenhang von Orientierungen und Erfahrungen zu rekonstruieren, ist das Ziel der *Dokumentarischen Methode der Interpretation*. Ralf Bohnsack hat die Dokumentarische Methode in kritischer Auseinandersetzung mit Harold Garfinkel (1967) und unter Rückgriff auf die Wissenssoziologie Karl Mannheims (1964, 1980) zu einem forschungspraktisch und methodologisch fundierten Auswertungsverfahren der qualitativen Sozialforschung entwickelt (vgl. Bohnsack 1989, 2014; vgl. auch Bohnsack et al. 2013a und Nohl et al. 2013). Sie dient der Rekonstruktion der praktischen Erfahrungen von Einzelpersonen und Gruppen, in Milieus und Organisationen, gibt Aufschluss über die Handlungsorientierungen, die sich in der jeweiligen Praxis dokumentieren, und eröffnet somit einen Zugang zur Handlungspraxis.

In dieser Einleitung skizziere ich zunächst die Dokumentarische Methode in ihren Grundzügen (1.1), um dann die Bedeutung der dokumentarischen Interpretation von Interviews aufzuzeigen (1.2) und schließlich einen Überblick über diesen Band zu geben (1.3).

1.1 Grundzüge der Dokumentarischen Methode

Um die Erfahrungen und Orientierungen von Menschen zu rekonstruieren, bietet es sich an, mit Karl Mannheim (1964) zwischen zwei verschiedenen Sinnebenen zu unterscheiden:

1) Wenn Menschen von ihren Erfahrungen berichten, so lassen sich diese Schilderungen auf ihren wörtlichen, expliziten, d. h. auf ihren „*immanenten Sinngehalt*" hin untersuchen. Innerhalb des immanenten Sinngehaltes ist noch einmal zu unterscheiden zwischen dem subjektiv gemeinten, „intentionalen Ausdruckssinn" und dem „Objektsinn" (ebd.). Während es sich bei Ersterem um Absichten und Motive des/der Erzählenden handelt, geht es bei Letzterem um die allgemeine Bedeutung eines Textinhalts oder einer Handlung.

2) Vom immanenten Sinngehalt unterscheidet Mannheim den „*Dokumentsinn*" (ebd.). Bei diesem dokumentarischen Sinngehalt wird die geschilderte Erfahrung als Dokument einer Orientierung rekonstruiert, die die geschilderte Erfahrung strukturiert. Der Dokumentsinn verweist auf die Herstellungsweise, auf den „modus operandi" (Bohnsack 2014, S. 61) der Schilderung. Es geht hier darum, *wie* der Text und die in ihm berichtete Handlung konstruiert ist, in welchem *Rahmen* das Thema (etwa eines Interviewtextes) abgehandelt wird, d. h. in welchem „Orientierungsrahmen" (ebd., S. 137) eine Problemstellung bearbeitet wird. Rekonst-

1.1 Grundzüge der Dokumentarischer Methode

ruktive Verfahren wie die Dokumentarische Methode zeichnen sich „durch einen Wechsel der Analyseeinstellung vom Was zum Wie" eines Textes aus (Bohnsack 2005, S. 73). Indem auch andere Abschnitte desselben Interviews herangezogen werden, fungiert der Text „als Beleg" für eine vom Forschenden „vorgenommene Synopsis", mit der der „gesamtgeistige ‚Habitus'" der interviewten Person herausgearbeitet wird (Mannheim 1964, S. 108 f.). Je nach Anlage der Untersuchung und nach Forschungsgegenstand kann sich der Rahmen, in dem ein Thema oder eine Problemstellung bearbeitet wird, aber auch auf den kollektiven Habitus (im Sinne von Bourdieu 1991) oder auf die Relation zwischen Habitus und gesellschaftlichen Strukturen beziehen.

Forschungspraktisch schlägt sich die Unterscheidung von immanentem und dokumentarischem Sinngehalt in zwei Arbeitsschritten der dokumentarischen Interpretation nieder (vgl. ursprünglich: Bohnsack 1989, Kap. 4): der *formulierenden Interpretation* und der *reflektierenden Interpretation*. Die formulierende Interpretation verbleibt vollständig in der Perspektive des Interpretierten, dessen thematischen Gehalt sie mit neuen Worten formulierend zusammenfasst. Demgegenüber wird in der reflektierenden Interpretation rekonstruiert, wie ein Thema oder eine Problemstellung verarbeitet, d. h. in welchem Orientierungsrahmen ein Thema oder eine Problemstellung abgehandelt wird.

Um deutlich zu machen, wie sehr sich immanenter und dokumentarischer Sinngehalt von ihrer *empirischen Erfassbarkeit* her unterscheiden, möchte ich auf ein Beispiel verweisen, das von Karl Mannheim selbst stammt (vgl. 1980, S. 73 ff.): Knüpft man einen Schuhknoten, so kann man die Absicht haben, seine Schuhe zu binden. Diese Intention, dieser intentionale Ausdruckssinn als Komponente des immanenten Sinngehalts, ist dem außenstehenden Beobachter ebenso wenig wie dem in seine eigene Vergangenheit zurückblickenden Akteur unmittelbar und valide zugänglich; er kann diese Intention nur der Handlung des Knotenknüpfens unterstellen. Das Gebilde selbst aber, das dabei entsteht, lässt sich (als Komponente des immanenten Sinns) als objektiver Sinnzusammenhang, der allgemeinen Charakter hat, identifizieren: Es ist ein Schuhknoten. Der Dokumentsinn indes konstituiert sich im Prozess der Herstellung des Knotens, ist also unmittelbar an die Handlungspraxis geknüpft. Jeder, der schon einmal einem Kind zu erklären versucht hat, wie ein Knoten zu knüpfen ist, wird sich daran erinnern, wie schwer es ist, diesen Herstellungsprozess verbal zu explizieren. Während wir im Alltag intuitiv auf die praktische Ebene zurückgreifen und das Knotenknüpfen einfach vormachen, sind wir in der Wissenschaft darauf angewiesen, Wege zu finden, den Herstellungsprozess bzw. den Orientierungsrahmen von Texten und Handlungen verbal zu explizieren (Tab. 1.1).

Sinngehalt		Empirische Erfassbarkeit	Interpretationsschritt
Immanenter Sinngehalt	Intentionaler Ausdruckssinn	nicht erfassbar	-/-
	Objektiver Sinn	thematisch zu identifizieren	formulierende Interpretation
Dokumentarischer Sinngehalt		anhand des Herstellungsprozesses zu rekonstruieren	reflektierende Interpretation

Tabelle 1.1 Ebenen des Sinngehalts und ihre empirische Erfassbarkeit

1.1.1 Atheoretisches Wissen und konjunktive Erfahrung

Wie ich bereits am Beispiel des Knotens deutlich gemacht habe, ist der Dokumentsinn in der Handlungspraxis verwurzelt. Dass es sich hierbei um eine *soziale* Praxis handelt, ist ebenfalls an dem Knotenbeispiel zu erkennen. Der Knoten ist – so individuell er auch geknüpft sein sollte – niemals als das Produkt eines isolierten Menschen zu verstehen. Auch wenn wir höchst individuell erscheinende Phänomene untersuchen, sind diese stets in einer grundlegend sozialen Praxis entstanden. Wie etwa jener Praxis, in der ein Vater seinem Kind das Knoten beibringt, dieses Kind dann aber den Knoten auf seine eigene Art knüpft.

Wenn man einen Knoten knüpft, Fahrrad fährt, wissenschaftlich diskutiert oder das Telefon benutzt, gebraucht man eine Form des Wissens, die Karl Mannheim „*atheoretisches Wissen*" (1980, S. 73) nennt. „Atheoretisch" ist dieses Wissen, weil wir in unserer Handlungspraxis darüber verfügen, ohne dass wir es alltagstheoretisch auf den Punkt bringen und explizieren müssten. Wir wissen intuitiv aus unserer Erfahrung, wie man Knoten knüpft, diskutiert, telefoniert und Fahrrad fährt. Andere Theorietraditionen sprechen hier vom „impliziten Wissen" (Polanyi 1985) oder „praktischen Sinn" (Bourdieu 1993).

Das atheoretische Wissen gehört zu unserem routinierten Handeln, oder, wie Bohnsack et al. (1995, S. 11) dies nennen, zu unserem „habituellen Handeln". Zwar können Menschen auch zu ihrem habituellen Handeln Distanz einnehmen und es zu explizieren versuchen; doch ist dies in den uns vertrauten Milieus völlig unnötig, da das habituelle Handeln nicht nur einzelne Personen, sondern ganze Gruppen umfasst, z. B. diejenigen der Fahrradfahrer, Wissenschaffenden oder Schuhknotenbinder. Erst wo wir gezwungen sind, Außenstehenden etwas zu erklären (wie etwa dem Kind das Schuhbinden), versuchen wir, den Gegenstand des habituellen Handelns und damit unser atheoretisches Wissen in alltagstheoretische und allgemeinverständliche Begrifflichkeiten zu überführen.

1.1 Grundzüge der Dokumentarischen Methode

Karl Mannheim (vgl. 1980, S. 296) gibt hierfür das Beispiel des religiösen Lebens, das ich ein wenig abgewandelt verwenden will. Wer in eine Kirchengemeinde hineingewachsen ist, lernt (ganz informell) auch die für sie typische Art, einen Gottesdienst zu feiern. Gebet, Gesang, Orgelspiel, Glaubensbekenntnis – alles folgt einer vertrauten Ordnung. Mannheim schreibt hierzu: In „immanent religiöser Verhaltensweise steht der einzelne Religiöse zu Gott oder Kult und Religion genauso wie die übrigen Mitglieder der Kulturgemeinschaft zu ihnen stehen: er hat diese Gehalte in einer völlig konkreten, nur konjunktiv mitteilbaren perspektivischen Weise der existentiellen Gemeinschaft" (ebd.). Wenn das Gemeindemitglied nun aber eine Andersgläubige oder einen Atheisten zu Besuch hat, ist es „auch imstande, in eine völlig abstrakte Beziehung zu diesen Realitäten zu gelangen", dann nämlich, wenn es „diese Realitäten nicht von ‚innen' gesehen erfaßt, sondern eben, wie sie den anderen erscheinen" (ebd.), d. h. von außen, im Beispiel: als Liturgie eines Gottesdienstes.

Atheoretisches Wissen verbindet Menschen, beruht es doch auf einer gleichartigen Handlungspraxis und Erfahrung. Deshalb spricht Mannheim (ebd., S. 225) hier von einer verbindenden, einer „*konjunktiven Erfahrung*", die man mit anderen teilt. Sobald man gegenüber denjenigen, die diese Erfahrung nicht teilen (z. B. Andersgläubigen), über die eigene konjunktive Erfahrung berichten möchte, muss man deren Sinn genau erläutern. Man expliziert theoretisch den Sinngehalt der Gottesdienstliturgie. Mannheim nennt dies deshalb auch „*Kommunikation*", in der explizites, „kommunikatives" Wissen zum Tragen kommt (ebd., S 289). Da wir als Forschende aber nicht nur allgemeine Wissensbestände, die über die unterschiedlichen Gruppen und Individuen unserer Gesellschaft hinweg existieren, untersuchen möchten, sind wir in besonderem Maße auf das konjunktive bzw. atheoretische Wissen verwiesen, das eng mit der spezifischen Praxis von Menschen in ihren Biographien und in ihren Milieus verknüpft ist.

1.1.2 Komparative Sequenzanalyse

Doch wie erschließe ich mir den dokumentarischen Sinngehalt des habituellen Handelns und atheoretischen Wissens, in dem jene Orientierungen zu Tage kommen, die die Erfahrungen von Menschen strukturieren? Für die Dokumentarische Methode hat Ralf Bohnsack (2001) den Weg der *komparativen Sequenzanalyse* vorgeschlagen. Eine sequenzanalytische Vorgehensweise ist auch für andere Auswertungsverfahren charakteristisch. Im Unterschied zu jenen ist in der Dokumentarischen Methode die Sequenzanalyse jedoch konsequent vergleichend, wie ich im Folgenden knapp skizzieren möchte (s. ausführlich hierzu die Kap. 3, 4 und 5).

Geht man zunächst davon aus, dass ein Mensch eine Problemstellung innerhalb seines Lebens auf eine (und nur eine) bestimmte Art und Weise (d. h. in einem Rahmen) bearbeitet und erfährt, so kann für eine Interviewpassage, in der die Person von diesem Problem erzählt, von Folgendem ausgegangen werden: Auf einen ersten Erzählabschnitt kann nur ein spezifischer, nämlich ein der jeweiligen Erfahrungsweise, dem jeweiligen Rahmen entsprechender zweiter Abschnitt folgen, an den sich weitere dem Rahmen entsprechende Abschnitte anschließen. Die Bestimmung des dokumentarischen Sinngehalts, der Bearbeitungsweise bzw. des (Orientierungs-)Rahmens, wird dann durch die Rekonstruktion der impliziten Regelhaftigkeit, die diese aufeinander folgenden Erzählabschnitte strukturiert, möglich (vgl. Bohnsack 2001).

Die Dokumentarische Methode geht davon aus, dass die möglichen Anschlussäußerungen an einen ersten Erzählabschnitt in atheoretischer, habitualisierter Form der erforschten Person wissensmäßig verfügbar sind. Da die erforschte Person die sinnvollen Anschlussäußerungen aber – gerade wo es sich um routinemäßige Handlungspraxis handelt – nicht so ohne weiteres explizieren kann, bedarf es der empirischen Rekonstruktion und Explikation des atheoretischen Wissens der Erforschten, und das heißt: der empirisch gegebenen Anschlussäußerungen, die eine adäquate Fortsetzung des ersten Erzählabschnitts darstellen. Der Rahmen bzw. Orientierungsrahmen, in dem mit dieser Anschlussäußerung das im ersten Erzählabschnitt gesetzte Thema oder Problem behandelt wird, ist der Orientierungsrahmen, der die Sequenz übergreift.

Dieser Orientierungsrahmen lässt sich in seiner Signifikanz dann empirisch valide erfassen, wenn er von anderen, differenten Orientierungsrahmen, innerhalb derer dieselbe Problemstellung, dasselbe Thema auf andere Art und Weise bearbeitet wird, abgegrenzt werden kann. Für die Sequenzanalyse bedeutet dies, dass die im ersten Fall aufeinander folgenden zweiten und weiteren Erzählabschnitte mit den zweiten und weiteren Erzählabschnitten anderer Fälle verglichen werden. Deshalb ist der Vergleich mit anderen Fällen, in denen dieselben Themen auf eine andere Art und Weise bearbeitet werden, für die Dokumentarische Methode konstitutiv. Und in dieser Hinsicht ist die Sequenzanalyse in der Dokumentarischen Methode – im Unterschied zur Objektiven Hermeneutik (vgl. Oevermann 2000) und Narrationsstrukturanalyse (vgl. Schütze 1983b) – immer schon eine *komparative* Sequenzanalyse (vgl. auch Bohnsack und Nohl 2013).

1.1.3 Standortgebundenheit der Interpretation und empirischer Vergleich

Die Art und Weise wie, d. h. in welchem Orientierungsrahmen, ein Thema in einem Interview bearbeitet wird, lässt sich also am besten rekonstruieren, wenn man andere Interviewtexte dagegen halten kann, in denen dasselbe Thema in kontrastierenden Orientierungsrahmen behandelt wird. Denn hätten wir nur den einen Interviewtext vor Augen, würden wir ihn ausschließlich vor dem Hintergrund unseres eigenen (impliziten und expliziten) Alltagswissens über das jeweilige Thema (unsere eigenen Erfahrungen beispielsweise mit der Arbeitsplatzsuche) interpretieren. Die Interpretation wäre stark durch die „Standortgebundenheit" und „Seinsverbundenheit" (Mannheim 1985) der Interpret(inn)en geprägt. Indem wir nun aber die Sequenzen im ersten Interview (bspw. die Erfahrungen mit der Arbeitsplatzsuche) mit den – möglicher Weise sich ganz anders gestaltenden – Erfahrungen in einem zweiten und dritten Interview vergleichen, sehen wir das erste Interview nicht mehr nur vor dem Hintergrund unseres eigenen Alltagswissens, sondern auch vor dem Hintergrund anderer empirischer Fälle. Unser Vorwissen wird zwar nicht suspendiert, aber methodisch relativiert. Die dokumentarische Interpretation „wird umso mehr methodisch kontrollierbar, je mehr die Vergleichshorizonte des Interpreten empirisch fundiert und somit intersubjektiv nachvollziehbar und überprüfbar sind" (Bohnsack 2014, S. 139). Deshalb ist die komparative Analyse der Königsweg des methodisch kontrollierten Fremdverstehens (vgl. Nohl 2007).

1.1.4 Sinn- und soziogenetische Typenbildung

Die komparative Analyse ist jedoch nicht nur zur methodisch kontrollierten Interpretation notwendig, sondern dient in der Dokumentarischen Methode auch der Bildung von Typen (vgl. Bohnsack 1989, 2013 u. 2014). Denn es ist nicht die Aufgabe der Forschenden, einen Fall besonders gut zu kennen, sondern seine wesentlichen Orientierungsrahmen zu identifizieren, die sich vom Fall abheben und auch in anderen Fällen finden lassen. Wenn nicht nur in einem Fall, sondern in mehreren Fällen eine bestimmte Art und Weise, ein Problem (etwa der Jobsuche) zu bearbeiten, identifiziert werden kann, und wenn dieser Orientierungsrahmen zudem von kontrastierenden Orientierungsrahmen (von anderen Bearbeitungsweisen derselben Problemstellung) unterschieden werden kann, dann lässt sich dieser Orientierungsrahmen vom Einzelfall ablösen und zum Typus ausarbeiten.

Werden in der *sinngenetischen Typenbildung* zunächst unterschiedliche Orientierungsrahmen der Bearbeitung einer Problemstellung in verschiedenen Fällen herausgearbeitet und typisiert, geht es in der *soziogenetischen Typenbildung* darum, die spezifischen Erfahrungshintergründe und die Soziogenese der Orientierungsrahmen, d. h. ihre Entstehungsgeschichte, systematisch zu analysieren. Die Dokumentarische Methode zielt darauf, Typiken nicht nur in einer, sondern in mehreren Dimensionen konjunktiver (etwa generations- und geschlechtsspezifischer) Erfahrungen und Orientierungen zu entwickeln. Das heißt, es wird rekonstruiert, wie ein vor dem Hintergrund einer bestimmten Problemstellung (etwa einer generationsspezifischen Problematik) herausgearbeiteter erster Typus (Orientierungsrahmen) mit einem zweiten Typus (Orientierungsrahmen) zusammenhängt, der zu einer anderen (etwa einer geschlechtsspezifischen) Problemstellung gehört. In dieser mehrdimensionalen Typenbildung lassen sich dann Grenzen und Reichweite einzelner Typiken bestimmen und so generalisierungsfähigere empirische Aussagen treffen. Wie alle anderen Charakteristika der Dokumentarischen Methode wird auch die Typenbildung in diesem Buch ausführlich und anhand von Forschungsbeispielen erläutert.

1.2 Zur dokumentarischen Interpretation von Interviews

Die Dokumentarische Methode hat in verschiedenen sozialwissenschaftlichen Forschungsfeldern Anwendung gefunden: u. a. in der Kindheits-, Jugend-, Bildungs-, Migrations-, Geschlechter-, Medien- und Generationsforschung, in der Erziehungswissenschaft, Politikwissenschaft, Soziologie, Religionsforschung, Wissenschaftsforschung, Informatik, Kunstgeschichte und Medizin (für genauere Literaturangaben siehe die Literaturliste unter www.dokumentarischemethode. de). Diese Zuordnungen sind allerdings in sich bereits problematisch, da ein Teil der Studien interdisziplinär angelegt ist und ihre Mehrzahl sich auf verschiedene Erfahrungsdimensionen (etwa auf Jugend und Geschlecht) erstreckt.

Entwickelt wurde die Dokumentarische Methode ursprünglich zur Interpretation von Gruppendiskussionen, die ja – im Gegensatz zum individualisierenden Interview – der Artikulation von kollektiven Erfahrungen und Orientierungen dienen (vgl. Bohnsack 1989, 2014; Loos und Schäffer 2001; Przyborski 2004; Bohnsack et al. 2010). Später wurde dann die Dokumentarische Methode für die Interpretation von Bildern und Videos (vgl. Bohnsack 2011, Bohnsack et al. 2014 u. 2015), teilnehmender Beobachtung (vgl. Vogd 2004) und Texten aus öffentlichen Diskursen (Nohl 2016a) herangezogen. Versuche, Interviews dokumentarisch zu interpretieren, gab es bis zum Erscheinen der Erstauflage dieses Buches im Jahre

1.2 Zur dokumentarischen Interpretation von Interviews

2006 allerdings nur vereinzelt (vgl. Bohnsack et al. 1995, S. 134–204; Fritzsche 2003; Schäffer 1996, S. 189–220 u. 2003, S. 192–210; Bohnsack 2014, S. 67f.).

Wenn in diesem Buch die dokumentarische Interpretation von Interviews systematisch ausgearbeitet wird, so dient dies nicht nur der Erschließung einer neuen Sorte von Datenmaterial für die Dokumentarische Methode. Vielmehr wird dazu beigetragen, unterschiedlichste empirische Datenmaterialien – von der Gruppendiskussion über Bilder bis zum Einzelinterview – innerhalb einer übergreifenden Methodologie der qualitativen Sozialforschung auszuwerten. Auf diese Weise wird auch eine kohärente Triangulation unterschiedlicher Erhebungsmethoden möglich (vgl. Maschke und Schittenhelm 2005; siehe auch Kap. 6.5).

Das Konzept zur dokumentarischen Interpretation von Interviews, in das ich in diesem Buch einführe, beruht auf meiner eigenen, inzwischen 23jährigen Forschungserfahrung. Bereits 1993 war ich in einer Untersuchung, die ich in der Türkei durchgeführt habe, mit der Frage konfrontiert, wie man Experteninterviews mit der Dokumentarischen Methode interpretieren kann (vgl. Nohl 1995). In den folgenden Jahren waren die narrativen Interviews, die innerhalb von Jugendstudien geführt wurden, eher ein zusätzliches Erhebungsinstrument zu den Gruppendiskussionen, die wir mit Jugendcliquen führten (vgl. u. a. Schäffer 1996; Bohnsack et al. 1995; Nohl 2001; Weller 2003). Erst später – im Zuge der Beschäftigung mit der erziehungswissenschaftlichen Biographieforschung (vgl. Marotzki 1990; Krüger und Marotzki 1999) – habe ich mich intensiver mit Interviews, insbesondere mit biographisch-narrativen Erhebungsverfahren, auseinander gesetzt. Eine systematische Erörterung der dokumentarischen Interpretation von narrativen Interviews wurde notwendig, als ich mein Habilitationsprojekt zu spontanen Bildungsprozessen (vgl. Nohl 2006) mit narrativ-biographischen Interviews durchführte. Meine Frage war: Wie konnte ich den Eigenarten des narrativ-biographischen Interviews Rechnung tragen und dennoch die Vorteile der Dokumentarischen Methode zur Geltung bringen? Die in diesem Buch vorgelegten Antworten auf diese Frage konnte ich in der Folge in zwei größeren Forschungsprojekten (vgl. Nohl et al. 2014; Nohl et al. 2015) reflektieren und erweitern.

Neben narrativ-biographischen Interviews habe ich mich forschungspraktisch mit der Auswertung von narrativ angelegten Leitfadeninterviews befasst. Hier ist eine Studie zu Existenzgründer(inne)n zu nennen (vgl. Nohl und Schondelmayer 2006), die wir neben ihren biographischen Erfahrungen vor allem zu ihrem Expertenwissen befragt haben. Später haben wir dann – auf der Basis der hier zur Diskussion gestellten Vorgehensweise – auch Experteninterviews dokumentarisch interpretiert, die mit Curriculumsentwicklern und Schulleitern geführt wurden (Nohl und Somel 2016).

Viele der Überlegungen, die in diesem Buch vorgestellt werden, habe ich bereits in der Betreuung von Dissertationen und Habilitationsschriften (vgl. vor allem: Schondelmayer 2010; Radvan 2010; Henkelmann 2012; von Rosenberg 2011 u. 2016; Somel 2016; Güvercin 2014; Loy 2016; Thomsen 2016) und von Abschlussarbeiten (Henkelmann 2007; Thomsen 2009; Hunold 2012) ausprobieren können. Diese Qualifikationsarbeiten, aber auch Leserzuschriften und Rezensionen zu früheren Auflagen sowie insbesondere die vielen Workshops, zu denen ich von Graduiertenkollegs und anderen Forschungszusammenhängen eingeladen wurde, um in die Dokumentarische Methode einzuführen, gaben mir zugleich wichtige Anregungen zur Überarbeitung der vorliegenden fünften Auflage.

Sehr hilfreich waren zudem die vielen Diskussionen, die ich mit Ralf Bohnsack und anderen kreativen Verfechter(inne)n der Dokumentarischen Methode, namentlich Burkhard Schäffer, Karin Schittenhelm, Anja Weiß, Oliver Schmidtke, Anne-Christin Schondelmayer, Yvonne Henkelmann, Heike Radvan, Sarah Thomsen, Florian von Rosenberg, Iris Nentwig-Gesemann, Werner Vogd, Ulrike Ofner, Anja Mensching, Nazlı Somel und den zahlreichen Studierenden und Doktorand(inn)en hatte, die ihre Abschluss- und Qualifikationsarbeiten mit der Dokumentarischen Methode verfassen. Allen Genannten sei herzlicher Dank.

Einige Anregungen waren so gewichtig, dass sie nicht mehr in den vorliegenden Band passen. Dies gilt insbesondere für die methodischen Erfahrungen, die ich in dem internationalen Forschungsprojekt „Kulturelles Kapital in der Migration" (vgl. Nohl et al. 2006 u. 2014) gemacht habe. Uns stellten sich hier insbesondere Probleme beim internationalen Vergleich sowie bei der Frage, wie sich mehrdimensionale Typologien jenseits soziogenetischer Typenbildung entwickeln lassen. Die neuen Wege, die wir hier unter den Stichworten „relationale Typenbildung" und „Mehrebenenvergleich" erkundet haben, stelle ich in diesem Band nur kurz vor (Kap. 6.3. u. 6.6) und arbeite sie in einem zweiten Band dieser Reihe anhand von methodologischer Reflexion und praktischen Beispielen aus (vgl. Nohl 2013).

1.3 Überblick über das Buch

Diesem Lehrbuch habe ich folgenden Aufbau gegeben:

In Kap. 2 werde ich auf verschiedene Erhebungsverfahren für Interviews eingehen. Ich unterscheide vor allem zwischen dem biographischen und dem Leitfadeninterview, ohne dabei zu übersehen, dass beide Erhebungsverfahren letztlich Stegreiferzählungen nutzen und insofern narrativ fundiert sind. Im Rahmen der leitfadengestützten Interviews gehe ich vor allem auf das Experteninterview von Michael Meuser und Ulrike Nagel sowie auf das problemzentrierte Interview von

1.3 Überblick über das Buch

Andreas Witzel ein; der zentrale Autor, mit dem ich mich bezüglich biographischer Interviews beschäftigen werde, ist Fritz Schütze, der auch für narrativ fundierte Leitfadeninterviews wesentliche Arbeiten vorgelegt hat.

Wie sich narrativ fundierte, leitfadengestützte und biographische Interviews dokumentarisch interpretieren lassen, zeige und begründe ich in Kap. 3. Über die formulierende und reflektierende Interpretation bis hin zur Typenbildung und Generalisierung empirischer Ergebnisse wende ich die Dokumentarische Methode auf Interviews an, ohne die Differenzen zwischen Leitfaden- und biographischen Interviews zu vernachlässigen. Während es durchaus möglich ist, teilweise (hinsichtlich der Textsortentrennung) auf Überlegungen der Narrationsstrukturanalyse zurückzugreifen, ist das sonstige Auswertungsverfahren durch die konsequent vergleichende Erkenntnishaltung der Dokumentarischen Methode gekennzeichnet.

Ein praktisches Beispiel für die Interpretation von leitfadengestützten Interviews finden die Leser/innen in Kap. 4. Anhand einer empirischen Untersuchung zu Existenzgründer(inne)n zeige ich die Schritte der formulierenden und reflektierenden Interpretation bis hin zur sinngenetischen Typenbildung anhand der Auswertung zahlreicher Transkripte praktisch auf.

Wie die Praxis der dokumentarischen Interpretation von biographischen Interviews aussieht, ist Thema von Kap. 5. Am Beispiel einer empirischen Forschungsarbeit zu biographischen Bildungsprozessen erläutere ich die reflektierende Interpretation, die sinn- und soziogenetische Typenbildung bis hin zur Generalisierung.

In Kap. 6 erörtere ich mehrere Weiterentwicklungen der dokumentarischen Interpretation narrativer Interviews, zu denen die Längsschnitt- und Mehrebenenanalyse wie auch neue Formen der Typenbildung gehören.

In Kap. 7 ziehe ich ein Fazit, fasse die Schritte der Dokumentarischen Interpretation narrativ strukturierter Interviews zusammen und betone die Potenziale, die eine offene Diskussion für die Weiterentwicklung dieses Ansatzes hat.

Narrativ fundierte Interviews 2

In der qualitativen bzw. rekonstruktiven Sozialforschung erfreuen sich Interviews als Erhebungsverfahren großer Beliebtheit. Dabei lässt sich eine große Vielfalt mehr oder weniger unterschiedlicher Interviewarten feststellen: vom „thematischen", „problemzentrierten", „biographischen" und „fokussierten" Interview über das „Experteninterview" bis hin zum „Tiefen-" und „Leitfadeninterview". Wenn auch die Unterschiede zwischen diesen Verfahren nicht immer so klar und prägnant sind, haben sie doch eines gemeinsam: Alle diese Interviewformen tragen der Offenheit der Kommunikation in der qualitativen bzw. rekonstruktiven Sozialforschung (vgl. Hoffmann-Riem 1980) zumindest dadurch Rechnung, dass sie keinerlei Vorgaben für die Antworten der befragten Personen machen – dies im Gegensatz zu standardisierten Interviews der Hypothesen überprüfenden, statistisch orientierten Sozialforschung.

Offenheit der Kommunikation bedeutet allerdings nicht, dass in der rekonstruktiven Sozialforschung Interviews jeglicher Strukturierung entbehren. Interviews werden immer durch die Interaktion zwischen Forschenden und Erforschten strukturiert, wobei es in unterschiedlichem Maße zu Interviewereingriffen kommen kann. Dies lässt sich exemplarisch anhand der idealtypischen Unterscheidung von biographischen und leitfadengestützten Interviews deutlich machen:

In *biographischen Interviews* hören die Forschenden nach der biographischen, erzählgenerierenden Eingangsfrage über eine längere Zeitstrecke hinweg ausschließlich der biographischen Erzählung der zu erforschenden Personen zu, um dann zunächst Nachfragen zu bereits angesprochenen Themen (sog. immanente Nachfragen) zu stellen und erst gegen Ende des Interviews auch neue Themen einzubringen, d. h. exmanente Fragen anzubringen oder sogar die erforschten Personen dazu zu bringen, eigene Handlungsweisen argumentativ zu begründen.

Demgegenüber werden in *leitfadengestützten Interviews* nacheinander mehrere Themen durch die Forschenden vorgegeben, sodass die befragten Personen nicht mehr (innerhalb ihrer Biographie) das Thema ihrer Erzählung frei wählen können, sondern sich an den Vorgaben und artikulierten Untersuchungsinteressen der Forschenden orientieren müssen. Allerdings wird auch hier abgewartet, bis die befragten Personen alles, was ihnen zu einem ersten Thema einfällt, geschildert haben, bevor eine Frage zu einem zweiten Thema gestellt wird.

Trotz dieser Unterschiede ist beiden Interviewarten folgendes gemeinsam: Gleich ob nach der Biographie gefragt wird oder mit einem Leitfaden unterschiedliche Themen behandelt werden, geht es immer darum, nicht nur Meinungen, Einschätzungen, Alltagstheorien und Stellungnahmen der befragten Personen abzufragen, sondern *Erzählungen* zu deren persönlichen, in ihrer Handlungspraxis fundierten Erfahrungen hervorzulocken. Dies bedeutet, dass sowohl biographische als auch leitfadengestützte Interviews prinzipiell *narrativ fundiert* sind bzw. sein sollten (vgl. Schütze 1978, S. 1 ff.). Warum es – gerade im Kontext der Dokumentarischen Methode – so wichtig ist, dass Interviews narrativ angelegt sind, ist eines der Themen dieses Kapitels.

Zunächst erläutere ich, was unter leitfadengestützten Interviews zu verstehen ist, wobei ich exemplarisch auf die Ansätze des „Experteninterviews" und des „problemzentrierten Interviews" eingehe (2.1). Dann werde ich mich jener Interviewform widmen, in der nicht nur thematisch begrenzte Narrationen, sondern biographisch angelegte Großerzählungen erhoben werden: dem „biographischen Interview" (2.2).

2.1 Leitfadengestützte Interviews

In ihrem ‚klassisch' zu nennenden Aufsatz zum Experteninterview schreiben Michael Meuser und Ulrike Nagel:

> „In unseren Untersuchungen haben wir mit offenen Leitfäden gearbeitet, und dies scheint uns die technisch saubere Lösung der Frage nach dem Wie der Datenerhebung zu sein. Eine leitfadenorientierte Gesprächsführung wird beidem gerecht, dem thematisch begrenzten Interesse des Forschers an dem Experten wie auch dem Expertenstatus des Gegenübers. Die in die Entwicklung eines Leitfadens eingehende Arbeit schließt aus, dass sich der Forscher als inkompetenter Gesprächspartner darstellt. [...] Die Orientierung an einem Leitfaden schließt auch aus, dass das Gespräch sich in Themen verliert, die nichts zur Sache tun, und erlaubt zugleich dem Experten, seine Sache und Sicht der Dinge zu extemporieren." (2002, S. 77)

Meuser und Nagel geht es darum, an offenen Leitfäden orientiert Expert(inn)en nach ihrem „*Betriebswissen*" (ebd., S. 76) zu befragen. Thema ist nicht ein Hand-

2.1 Leitfadengestützte Interviews

lungsfeld, über das die Experten sich zwar viel Wissen (sog. „Kontextwissen", ebd.) angeeignet haben, in dem sie aber nicht selbst handeln; unter Betriebswissen ist vielmehr das Wissen der Expert(inn)en über ihr *eigenes Handlungsfeld* zu verstehen. Typische Experten, die so befragt werden können, sind zum Beispiel der Personalchef über die Einstellungspraxis in seinem Unternehmen, die Existenzgründerin über die Schwierigkeiten der Beschäftigung von Mitarbeitern, der grüne Aktivist über seine politischen und pädagogischen Kampagnen, der Ausländeramtschef über Entscheidungen zur Aufenthaltsbeendigung von ausländischen Staatsbürger(inne)n.

In Experteninterviews bildet daher – so Meuser und Nagel – nicht „die Gesamtperson den Gegenstand der Analyse, d. h. die Person mit ihren Orientierungen und Einstellungen im Kontext des individuellen oder kollektiven Lebenszusammenhangs" (ebd., S. 72). Vielmehr werden die Expert(inn)en vornehmlich zu ihrem „organisatorischen oder institutionellen Zusammenhang" befragt, „der mit dem Lebenszusammenhang der darin agierenden Personen gerade nicht identisch ist und in dem sie nur einen ‚Faktor' darstellen" (ebd., S. 72 f.). So verstanden, spricht man die „ExpertInnen als *RepräsentantInnen* einer Organisation oder Institution an, insofern sie die Problemlösungen und Entscheidungsstrukturen (re-)präsentieren" (ebd., S. 74; Hervorhebung von m. r).

Der Leitfaden dient nicht nur dazu, die Befragten zu den für eine Organisation oder einen institutionellen Rahmen zentralen Themen hinzuleiten und auf diese Weise den Expert(inn)en gegenüber ein ebenbürtiger Gesprächspartner zu sein; der Leitfaden wird auch dazu genutzt, die „Vergleichbarkeit der Interviewtexte" zu sichern (Meuser und Nagel 2009, S. 476). Denn da allen Expert(inn)en prinzipiell entlang desselben Leitfadens Fragen gestellt werden, sind die Interviews zumindest insofern vergleichbar, als sich alle befragten Personen zu denselben Themen äußern mussten. Dies wird noch für die Auswertung von Leitfadeninterviews von Bedeutung sein (s. dazu Kap. 4).

Der Gebrauch eines Leitfadens ist allerdings nicht mit einer Standardisierung der Erhebungssituation zu verwechseln. „Der Leitfaden wird flexibel und nicht im Sinne eines standardisierten Ablaufschemas gehandhabt, um unerwartete Themendimensionierungen durch den Experten nicht zu unterbinden. Diesem wird Gelegenheit gegeben, zu berichten, wie er Entscheidungen trifft, anhand von Beispielen zu erläutern, wie er in bestimmten Situationen vorgeht, zu extemporieren usw." (Meuser und Nagel 2003, S. 58). Gerade die „narrativen Passagen" seien, so Meuser und Nagel (1994, S. 184), für die Auswertung der Experteninterviews von besonderer Bedeutung.

Dass mit den Fragen eines Leitfadens unter anderem Erzählungen auf Seiten der Befragten in Gang gesetzt werden können, gehört auch zu den zentralen Annahmen des „problemzentrierten" bzw. „qualitativen Interviews", wie es Andreas Witzel (1982, 1985) entwickelt hat. Witzel sieht den Leitfaden vornehmlich als flexible „Gedächtnisstütze für den Interviewer" (1982, S. 90):

> „Zum einen ‚hakt' ... der Interviewer sozusagen im Gedächtnis die im Laufe des Interviews beantworteten Forschungsfragen ab, kontrolliert also durch die innere Vergegenwärtigung des Leitfadens die Breite und Tiefe seines Vorgehens. Zum anderen kann er sich aus den thematischen Feldern, etwa bei stockendem Gespräch bzw. bei unergiebiger Thematik, inhaltliche Anregungen holen, die dann ad hoc entsprechend der Situation formuliert werden. Damit lassen sich auch Themenfelder in Ergänzung zu der Logik des Erzählstranges seitens des Interviewten abtasten, in der Hoffnung, für die weitere Erzählung fruchtbare Themen zu finden bzw. deren Relevanz aus der Sicht der Untersuchten festzustellen und durch Nachfragen zu überprüfen." (ebd.)

Der Leitfaden steht hier der Erzählgenerierung nicht entgegen, sondern erscheint geradezu als das Instrument für die narrative Ausgestaltung von Interviews. Nicht nur die groß angelegte Biographie kann also mit einer erzählgenerierenden Frage erhoben werden, auch einzelne Themengebiete, seien dies Ausschnitte aus dem „Betriebswissen" eines Experten oder andere interessierende Themen und Problemfelder (Berufsausbildung, zwischengeschlechtliche Beziehungen, Auslandseinsätze und andere mehr), können erzählend geschildert werden.

Voraussetzung hierfür ist selbstverständlich, dass die durch den Leitfaden thematisch oder sogar im Wortlaut vorgegebenen Fragen erzählgenerierend sind. Nur wenn sie die Befragten dazu anregen, ausführlich über ihre thematisch relevanten Erfahrungen zu erzählen, kann das ganze Erzählpotential ausgeschöpft werden.

Es bietet sich an, die im Leitfaden vorgesehenen Fragen nicht nur einmal zu stellen, und dann sogleich zum nächsten Thema des Leitfadens überzugehen. Es ist vielmehr von hoher Bedeutung, weitere Fragen zum bereits angesprochenen Thema zu stellen, d. h. immanent nachzufragen. Andreas Witzel unterscheidet hier zwischen „allgemeinen Sondierungen" (1982, S. 98), mit denen bereits eröffnete Themengebiete vertieft und detailliert werden, einerseits und „spezifischen Sondierungen" andererseits (ebd., S. 100). Sind die Ersteren narrativ angelegt, so geht es Witzel bei den Letzteren darum, durch „Zurückspiegelungen", „Verständnisfragen" und „Konfrontationen" (ebd., S. 100 f.) die Befragten argumentativ unter Druck zu setzen und zur Explikation ihrer Motive und Handlungsgründe zu bewegen. Hierzu bedarf es allerdings einer kritischen Anmerkung.

So sehr es sinnvoll ist, Themen durch immanente und narrativ angelegte Nachfragen zu vertiefen, um das volle Erzählpotential auszuschöpfen, so sehr muss doch aus Sicht der Dokumentarischen Methode den argumentativen Textsorten mit ihrer Betonung von Handlungsmotiven und -gründen mit Skepsis begegnet werden. Denn während Erzählungen nahe der Erfahrung und erlebten Handlungspraxis liegen – und damit der Artikulation „atheoretischen Wissens" und „konjunktiver Erfahrung" dienen –, wird der Interviewpartner in den argumentativen Textstellen vornehmlich zur „Explikation seiner Sichtweise bestimmter Problemfelder" (ebd., S. 69) gedrängt. Wenngleich den Interviewten nicht abzusprechen ist, dass sie wissen, wie man bestimmte Handlungsprobleme bewältigt, ist doch nicht davon auszugehen, dass die Interviewten auch wissen, was sie da alles wissen, dass die Interviewten also ihr Wissen einfach explizieren können (vgl. Bohnsack et al. 2013b, S. 12). Das Wissen der Interviewten ist, gerade wenn es handlungsleitend ist, häufig ein „atheoretisches Wissen" (Mannheim 1980, S. 73), das von den Forschenden erst expliziert werden muss. Die Interviewten zur Selbstexplikation zu drängen, würde diese Differenz zwischen atheoretisch-implizitem und theoretisch-explizitem Wissen ignorieren und das Interview auf die Ebene des expliziten Wissens reduzieren.

Auch und gerade in Leitfadeninterviews ist es also wichtig, erzählgenerierende Fragen zu stellen und die Schilderungen der Befragten durch immanente narrative Nachfragen zu vertiefen. Wenn dann doch auch argumentative Stellungnahmen der Befragten erhoben werden sollen, muss die kategoriale Differenz zwischen Erzählung und Argumentation beachtet werden. Wie wichtig diese kategoriale Differenz ist, wurde innerhalb der rekonstruktiven Sozialforschung zuerst von Fritz Schütze im Zuge der Entwicklung des biographischen Interviews herausgearbeitet.

2.2 Biographische Interviews

Wenngleich Fritz Schütze vornehmlich als Entwickler des biographischen Interviews bekannt geworden ist, muss an dieser Stelle daran erinnert werden, dass die Ursprünge des biographischen Interviews im so genannten „narrativen Interview" liegen, mit dem Schütze in den 1970er Jahren die Erfahrungen von Lokalpolitikern bei den Gemeindezusammenlegungen in Hessen erforscht hat (vgl. Schütze 1976, 1978). Auch Schütze hat also zunächst durchaus thematisch fokussierte Interviews geführt, deren Fragen gleichwohl narrativ angelegt waren. Erst später hat Schütze aus dem narrativen Interview heraus die Methode des biographischen Interviews entwickelt und der erzähltheoretischen Fundierung seines Erhebungsverfahrens eine biographietheoretische Methodologie beigefügt. Wenn im Folgenden das biographische Interview als Instrument zur Erhebung biographischer Stegreiferzählungen erläutert wird, sollten diese Wurzeln des Instrumentes, die es in die Nähe von leitfadengestützten Interviews bringen, nicht vergessen werden. Denn nicht nur „autobiographische Stegreiferzählungen", sondern auch thematisch gebundene Erzählungen können „mit Mitteln des narrativen Interviews hervorgelockt" werden (Schütze 1983a, S. 285).

2.2.1 Drei Abschnitte des biographischen Interviews

Schütze gliedert das biographische Interview in drei Abschnitte: die Eingangserzählung, den narrativen Nachfrageteil und den argumentativ-beschreibenden Frageteil.

Eingangserzählung: Der erste Teil des Interviews wird durch eine „autobiographisch orientierte Erzählaufforderung" (Schütze 1983a, S. 285) in Gang gesetzt, wobei hier sowohl die gesamte Autobiographie thematisch sein kann als auch bestimmte zeitliche Abschnitte der Lebensgeschichte (z. B. die Partnerwahl) oder spezifische thematische Aspekte (z. B. die innerfamilialen Beziehungen) oder auch Kombinationen zwischen beiden (z. B. die Berufsbiographie). Eine Fokussierung auf zeitliche Abschnitte oder thematische Aspekte droht allerdings, „die Datenbasis ... im Vorhinein künstlich zu verengen", insofern dem Thema/Abschnitt vorausgehende „mögliche Vorentwicklungen nicht berücksichtigt werden" (Küsters 2009, S. 46). Es hat sich daher als sinnvoll erwiesen, auch solche narrativen Interviews, die nur der Untersuchung eines bestimmten biographischen Themas oder Zeitabschnitts dienen, mit einer auf die ganze Autobiographie abzielenden Eingangsfrage zu beginnen.

Zwei Beispiele für autobiographisch orientierte Erzählaufforderungen:[1]

1) im Zusammenhang einer Studie über Senior(inn)en, die sich für das Internet interessieren:

> „ich hatte vorhin schon erzählt dass ich ähm mich für Ihre gesamte Lebensgeschichte (.) nicht nur für (.) ihre Technikerfahrung mit Internet und Computer und so interessiere; ich interessier mich eigentlich auch für (2) ähm (.) ihre Technikerfahrung bevor sie mitm Computer Kontakt gehabt haben, aber insgesamt ihre gesamte Lebensgeschichte und ähm da (.) möcht ich sie auch bitten (.) emm ausführlich zu erzählen; auch einzelne Erinnerungen Geschichten die ihnen irgendwie noch (.) präsent sind; die für sie wichtig sind, für ähm ihr (.) ihre Person; ihre Entwicklung; und (2) äh das sind ja auch ähm ebenfalls erzähln; ich hab viel Zeit, und ähm hör ihnen gerne zu, (2) ähm möchte dann sie bitten jetz einfach anzufangen; ihr (.) Lebensgeschichte mir zu erzählen."

---

1 Zu den Regeln der Transkription siehe den Anhang. Weitere Beispiele für Erzählaufforderungen finden sich in Küsters 2009, S. 44f. Eine so lesenswerte wie hilfreiche Anleitung zur Durchführung narrativer (Leitfaden-) Interviews bietet Schütze 1978.

2.2 Biographische Interviews

2) im Zusammenhang einer Studie über die Biographien von Jugendlichen mit Migrationshintergrund:

> „Ja dann eh:m b:itt ich Dich (.) fang einfach dort an ehm Deine (.) Lebensgeschichte zu erzählen wo Du anfangen möchtest"

Auf die Eingangsfrage folgt die „autobiographische Anfangserzählung", die von den Interviewenden nicht unterbrochen werden sollte und üblicher Weise mit einer „Erzählkoda (z. B.: ‚So, das war's: nicht viel, aber immerhin ...')" (Schütze 1983a, S. 285) endet. In diesem Moment ist es ratsam, eine längere Schweigepause abzuwarten und auf diese Weise sicher zu gehen, dass der/die Interviewte alles erzählen konnte, was sie von sich aus erzählen wollte.

Narrativer Nachfrageteil: Im zweiten Teil des biographischen Interviews werden bereits angesprochene Themen erneut nachgefragt und auf diese Weise vertieft. Der/die Interviewer/in „schöpft das tangentielle Erzählpotential aus, das in der Anfangserzählung an Stellen der Abschneidung weiterer, thematisch querliegender Erzählfäden, an Stellen der Raffung des Erzählduktus wegen vermeintlicher Unwichtigkeit, an Stellen mangelnder Plausibilisierung und abstrahierender Vagheit, weil die zu berichtenden Gegenstände für den Erzähler schmerzhaft, stigmatisierend oder legitimationsproblematisch sind, sowie an Stellen der für den Informanten selbst bestehenden Undurchsichtigkeit des Ereignisgangs angedeutet ist" (ebd.). Es kommt hier also zu „immanenten Frageformulierungen", die die alleinige Funktion haben, „die narrative Kreativität des Informanten zu unterstützen", mit denen aber „möglichst in keinem Fall gerade ablaufende Erzählsequenzen des Informanten ... unterbrochen werden" sollten (Schütze 1978, S. 34).

Zwei Beispiele für immanente narrative Nachfragen:

1) im Zusammenhang einer Biographiestudie über Existenzgründer/innen:

> „Vielleicht können Sie noch mal Sie hatten vorhin ja erwähnt dass Sie oder Du hattest vorhin erwähnt dass Du irgendwie in der Kindheit in Wittenberge[2] schon so viel mit Musik gemacht hast und ähm auch schon damals Puppen gebaut hast. Kannst Du das noch mal ein bisschen genauer erzählen wie das kam und ähm wie Ihr das gemacht habt und so?"

---

2 Alle Eigennamen aus den Interviews, die sich in diesem Buch finden, wurden zwecks Anonymisierung geändert.

2) im Zusammenhang derselben Studie:

> „Wie kam das dass Sie diese Percussiongruppe gesehen haben, können Sie das vielleicht nochmal, das war ja in Ulm, Können Sie das nochmal genauer schildern em, diese erste Erfahrung mit Percussion;"

Hilfreich ist es, wenn die narrativen Nachfragen nicht nur immanent sind, sondern – wie in den obigen Beispielen – diese Immanenz auch dadurch betont wird, dass der/die Interviewer/in die zuvor erzählte Passage aus der Erinnerung heraus noch einmal rezitiert und dann die/den Interviewte/n bittet, an dieser Stelle weiterzuerzählen oder noch einmal ausführlicher zu erzählen (vgl. Schütze 1983a, S. 285).

Argumentativ-beschreibender Frageteil: Dieser dritte Teil des biographischen Interviews ist nun nicht mehr den Erzählungen gewidmet, sondern zwei anderen Textsorten. Zum einen geht es darum, detailliertere Beschreibungen von für die Biographie wichtigen Orten, sich wiederholenden Handlungsabläufen (etwa auf der Arbeit) und Zuständen zu erhalten. Zum anderen wird der/die Interviewte nun (d. h. erst am Ende des Interviews) unter Argumentationsdruck gestellt und nach den Gründen und Motiven für sein Handeln gefragt. „Es geht nunmehr um die Nutzung der Erklärungs- und Abstraktionsfähigkeit des Informanten als Experte und Theoretiker seiner selbst" (ebd.).

Ein Beispiel für eine beschreibende Frage:

> „Was war das für ein Krankenhaus, in dem Sie damals gearbeitet haben, können Sie das ein wenig schildern?"

Ein Beispiel für eine argumentative Frage:

> „Warum haben Sie sich entschlossen, nach Deutschland einzuwandern?"

Derartige argumentative Nachfragen können ebenfalls immanent sein, falls sie an Argumentationen anknüpfen, die der/die Interviewte bereits in den ersten beiden Interviewteilen von sich aus abgegeben hat. Dass das biographische Interview durch die (meist recht lange) autobiographische Anfangserzählung eingeleitet wird und die argumentativen Fragen erst zum Ende des Interviews gestellt werden, wird von Fritz Schütze mit der unterschiedlichen Datenqualität von narrativen, deskriptiven, argumentativen und evaluativen Textsorten begründet, auf die nun einzugehen ist.

2.2.2 Textsorten: Erzählung, Beschreibung, Argumentation und Bewertung

Erzählungen zeichnen sich dadurch aus, dass in ihnen der Informant Handlungs- und Geschehensabläufe darstellt, die ein Anfang und ein Ende haben. Es geht hier – um Schütze (1987, S. 146 f.) zu zitieren – um ein „singuläres Ereignis..., das durch spezifische Zeit- und Ortsbezüge gekennzeichnet" ist und „das den Übergang zwischen zwei Zeitzuständen" beinhaltet, „welche durch eine Zeitschwelle voneinander getrennt" sind und „dessen späterer aus dem früheren hervor" geht.

Beispiel für einen Erzählabschnitt aus dem Interview mit einer Seniorin:

> „(4) am sechzehnten Januar is unser Haus als einziges inner Straße also Garnisonsstraße neun, (2) von einer Bombe getroffen worden; der Osten wurde nich so stark bombardiert, (2) eh wir warn also im Bunker, und sind dann eh evakuiert worden. //mmh// wir mussten also raus aus Halle; wir hatten ja keine Wohnung mehr, und sind dann aufs (.) Dorf, eh evakuiert worden; wir speziell (.) nach Groß Ehrenburg, weil meine große Schwester dort schon eh vorher schon; gewesen is. //mmh// ja, (2) ((schniefen)) die war von der Schule schon vorher evakuiert worden; und meine Mutter is dann mit mir auf dieses Dorf hinterher gegangen. (2) ja da haben=wir dann gewohnt bis 1953"

Der (grau) unterlegte Teil dieses Interviewausschnitts ist eine Erzählung, die typischerweise mit einer Zeitangabe anfängt und mit Worten wie „und ... dann" fortgesetzt wird. Deutlich erkennbar ist auch, dass hier eine zunächst erzählte Begebenheit (Bombardierung) eine danach erzählte Begebenheit (Evakuierung) zur Folge hat.

Beschreibungen zeichnen sich im Allgemeinen dadurch aus, dass in ihnen immer wiederkehrende Handlungsabläufe oder feststehende Sachverhalte (z. B. ein Bild, eine Maschine) dargestellt werden. Typische Hinweise auf solche Beschreibungen sind Worte wie „immer" oder „öfters".

Beispiel für eine Beschreibung aus dem Interview mit derselben Seniorin:

> „das Zimmer war eingerichtet, das war vielleicht na so etwa so hier die Größe wie ihrs,//mmh// da stand hinten, s Fenster war auf der annern Seite hinten stand n Spn Spint n Doppelspint; was Spint is wissen se ja, so wo man so einen Mantel reinlegen kann, oben n Fach wo man noch n Pullover reintun kann; und das Ganze doppelt.// mmh// dann stand da n Bett, stand da n Bett, hier drüben stand n Kanonenofen, auf der Seite stand so ne Anrichte; da war noch ne Schüssel drin, alwarn standen zwei Schüsseln; zwei Schüsseln mit zwei Kannen; Wasser daneben. und das war die ganze Einrichtung. mehr war da nich in dem Zimmer."

Argumentationen sind (alltags-) theoretische Zusammenfassungen und Stellungnahmen zu den Motiven, Gründen und Bedingungen für eigenes oder fremdes Handeln. Bei Schütze heißt es hierzu: „In argumentativen Textsorten tauchen stets ‚Quasi-Allsätze' mit (im Vergleich zum narrativen Kontext relativ) allgemeinen Prädikaten in behauptender und/oder begründender Funktion auf." (1987, S. 148) *Bewertungen* hängen eng mit den Argumentationen zusammen: „Bei bewertenden Textsorten sind in die Hülsen der argumentativen Quasi-Allsätze oder der abstrakt-beschreibenden Summierungssätze evaluative, einschätzende Prädikate eingelassen (wie: ‚nicht zu billigen', ‚deprimierend', usw.); bewertende Darstellungsaktivitäten verwenden in der Regel das Gerüst zumindest ansatzweise mitvollzogener (argumentativer) Grundbehauptungen und abstrakter Beschreibungen" (ebd., S. 148).

Wie im ersten Beispiel (zur Erzählung) deutlich wird, lösen Erzählungen, Beschreibungen, Argumentationen und Bewertungen nicht einfach einander ab, sondern stehen meist in einem Vordergrund-Hintergrund-Verhältnis zueinander. Argumentationen finden sich im ersten Beispiel in den Sätzen: „wir hatten ja keine Wohnung mehr," und: „weil meine große Schwester dort schon eh vorher schon; gewesen is." Hier bildet die Erzählung den Vordergrund (die Haupterzählung), während die Argumentation eine Hintergrundkonstruktion ist.

Prinzipiell sind mehrere ineinander verschachtelte *Vordergrund-Hintergrund-Verhältnisse* denkbar – und häufig auch empirisch zu finden: Eine Haupterzählung wird durch eine Hintergrundkonstruktion im Modus der Beschreibung unterbrochen, innerhalb derer sich dann wieder eine weitere Hintergrundkonstruktion, nun im Modus der Bewertung findet, die selbst wieder durch eine Hintergrundkonstruktion gestützt wird, die vielleicht eine Erzählung ist. Schließlich kehrt der Informant wieder zur Haupterzählung zurück.

Im obigen Beispiel, in dem im Vordergrund die Erzählung steht, beginnt der Satz: „weil meine große Schwester dort schon eh vorher schon; gewesen is.//mmh// ja, (2) ((schniefen)) die war von der Schule schon vorher evakuiert worden;" mit einer Hintergrundkonstruktion im Modus der Argumentation (bis: „gewesen is."), um dann mit einer weiteren Hintergrundkonstruktion zur argumentativen Hintergrundkonstruktion, die nun aber selbst im Modus der Erzählung gestaltet ist, fortzufahren („die war von der Schule schon vorher evakuiert worden;").

2.2.3 Zugzwänge des Erzählens

Biographische Darstellungen können schon deshalb nicht ausschließlich aus Erzählungen bestehen, weil es für die Interviewten immer wieder notwendig wird,

2.2 Biographische Interviews

etwas zu erläutern, eine ungewöhnliche Handlung argumentativ zu rechtfertigen oder zu bewerten, Hintergründe eines Ereignisses zu schildern oder bestimmte Zustände bzw. Räume zu beschreiben. Diese Eigenschaft (nicht nur) autobiographischer Stegreiferzählungen wird von Werner Kallmeyer u. Fritz Schütze (1977) mit den „Zugzwängen des Erzählens" erklärt. Drei Zugzwänge lassen sich unterscheiden:

1. Durch den *Detaillierungszwang* wird der/die Erzähler/in „getrieben, sich an die tatsächliche Abfolge der von ihm erlebten Ereignisse zu halten und – orientiert an der Art der von ihm erlebten Verknüpfungen zwischen den Ereignissen – von der Schilderung des Ereignisses A zur Schilderung des Ereignisses B überzugehen" (ebd., S. 188).
2. Durch den *Gestaltschließungszwang* wird der/die Erzähler/in „getrieben, die in der Erzählung darstellungsmäßig begonnenen kognitiven Strukturen abzuschließen. Die Abschließung beinhaltet den darstellungsmäßigen Aufbau und Abschluß von eingelagerten kognitiven Strukturen, ohne die die übergeordneten kognitiven Strukturen nicht abgeschlossen werden könnten" (ebd.).
3. Durch den Relevanzfestlegungs- und Kondensierungszwang wird der/die Erzähler/in „getrieben, nur das zu erzählen, was an Ereignissen als ‚Ereignisknoten' innerhalb der zu erzählenden Geschichte relevant ist. Das setzt den Zwang voraus, Einzelereignisse und Situationen unter Gesichtspunkten der Gesamtaussage der zu erzählenden Geschichte fortlaufend zu gewichten und zu bewerten" (ebd.).

Letztlich unterliegen alle Erzählungen, auch solche, die durch erzählgenerierende Fragen eines Leitfadens hervorgelockt wurden, den genannten Zugzwängen. Je länger jedoch eine Erzählung ist, desto stärker greifen die Zugzwänge.

2.2.4 Erzählung und Erfahrung

Fritz Schütze hat darauf hingewiesen, dass die Stegreiferzählungen gerade aufgrund der Dynamik ihrer Zugzwänge besonders nahe an den Erfahrungen des Erzählers liegen. Gerade weil er seine Erzählung komplettieren (in ihrer Gestalt schließen), kondensieren und detaillieren muss, verstrickt sich der Erzähler in den Rahmen seiner eigenen Erfahrungen und lässt damit in den Erzählungen einen tiefen Einblick in seine Erfahrungsaufschichtung zu.

Hier kann – so Schütze – von einem engen Zusammenhang zwischen erzählter und erlebter Erfahrung ausgegangen werden. Dass es dennoch um die Erfahrung –

nie um das ‚wirkliche' Geschehen – geht, dass diese Erfahrung stets in die Haltung der Erzählenden eingebunden und insofern ‚konstruiert' ist, stellt ein allgemeines Postulat der qualitativen bzw. rekonstruktiven Sozialforschung dar. Es existiert also ein „Zusammenhang zwischen der Erfahrung vergangener Ereignisse – also bereits in selektiver Weise kognitiv aufbereiteter und bewerteter ‚Realität' – und der Erzählung dieser Ereignisse" (Wohlrab-Sahr 2002, S. 8; kritisch dazu: Kauppert 2010, S. 17 ff.). Auf faktische Geschehensabläufe kann im narrativen Interview mithin kein Zugriff gewonnen werden, wohl aber auf die von den befragten Personen erzählte Erfahrung mit diesen Geschehensabläufen.

„Ziel der Erzählanalyse" ist es also, zu der mit „biographischem Handeln unmittelbar verbundenen Erfahrung" vorzudringen, „welche von der zum Zeitpunkt der Erzählung sich vollziehenden Erfahrungsrekapitulation zwar überformt ist" wobei „diese Überformung aber (...) als solche erkennbar bleibt" (Bohnsack 2014, S. 104f.). Diese Überformung der erzählten Zeit durch die Erzählzeit (die Zeit des Interviews) zeigt sich unter anderem in den *argumentativen Einlassungen* der Interviewten, mit denen sie die erzählte Erfahrung gegenüber dem/der Interviewer/in zu plausibilisieren versuchen. Denn im Gegensatz zu seinen erfahrungsgesättigten Erzählungen trägt der/die Informant/in in den argumentativen und bewertenden Teilen biographischer (und anderer narrativ fundierter) Interviews vor allem der Kommunikationssituation des Interviews selbst Rechnung, denn er/sie expliziert und theoretisiert hier ja gegenüber dem/der Interviewer/in Motive und Gründe seines/ihres eigenen Handelns. „Theoretische Reflexionen und evaluative Stellungnahmen haben stets einen starken inhaltlichen Bezug zum Gegenwartsstandpunkt des Erzählers, denn dem Anspruch nach gelten ja argumentative, abstrakt-beschreibende und bewertende Sätze über die unmittelbaren Situations- und Episodengrenzen der erzählten Geschichte hinaus", heißt es hierzu bei Schütze (1987, S. 149).

2.2.5 Prozessstrukturen des Lebensablaufs

Wie bereits angedeutet, hat Fritz Schütze nicht nur jene Komponenten von Erzählungen herausgearbeitet, die sich in allen narrativ fundierten Interviews finden lassen, sondern auch solche, die sich vornehmlich in biographischen Interviews entdecken lassen. Es handelt sich hier um typische Prozessstrukturen biographischer Erzählungen, die Schütze in der Rekonstruktion der von ihm geführten biographischen Interviews herausgearbeitet hat.

Diese „Prozeßstrukturen des Lebensablaufs" (Schütze 1983b), welche sich als die Verbindung zwischen den „Deutungsmustern und Interpretationen des Biogra-

2.2 Biographische Interviews

phieträgers" mit „seiner rekonstruierten Lebensgeschichte" (ebd., S. 284) analysieren lassen, finden sich in unterschiedlicher Kombination in vielen biographischen Stegreiferzählungen. Als Prozessstrukturen lassen sie sich nicht auf den ‚objektiven' Lebensablauf oder auf dessen ‚subjektive' Verarbeitung reduzieren, sondern vermitteln zwischen Objektivität und Subjektivität der Lebensgeschichten. Schütze unterscheidet in dem folgenden, längeren Zitat zwischen vier Prozessstrukturen bzw. zwischen „vier grundsätzlichen Arten der Haltung gegenüber lebensgeschichtlichen Erlebnissen":

„1. Biographische Handlungsschemata
Sie können vom Biographieträger geplant sein, und der Erfahrungsablauf besteht dann in dem erfolgreichen oder erfolglosen Versuch, sie zu verwirklichen.

2. Institutionelle Ablaufmuster der Lebensgeschichte
Sie können im Rahmen eines gesellschaftlichen oder organisatorischen Erwartungsfahrplans vom Biographieträger und seinen Interaktionspartnern bzw. -kontrahenten erwartet sein, und der Erfahrungsablauf besteht dann in der rechtzeitigen, beschleunigten, verzögerten, behinderten, gescheiterten Abwicklung der einzelnen Erwartungsschritte.

3. Verlaufskurven
Die lebensgeschichtlichen Ereignisse können den Biographieträgern als übermächtige überwältigen, und er kann zunächst nur noch auf diese ‚konditionell' reagieren, um mühsam einen labilen Gleichgewichtszustand der alltäglichen Lebensgestaltung zurückzugewinnen.

4. Wandlungsprozesse
Schließlich können die relevanten lebensgeschichtlichen Ereignisse wie im Falle von Handlungsschemata ihren Ursprung in der ‚Innenwelt' des Biographieträgers haben; ihre Entfaltung ist aber im Gegensatz zu Handlungsschemata überraschend, und der Biographieträger erfährt sie als systematische Veränderung seiner Erlebnis- und Handlungsmöglichkeiten." (1984, S. 92)

Im Gegensatz zur Verlaufskurve, die aufgrund äußerer Bedingungen in Gang gesetzt wird, hat der Wandlungsprozess seine Wurzeln – so zumindest Schütze (1984, S. 94) – in der „‚Innenwelt' des Biographieträgers". Vom Handlungsschema wiederum unterscheidet sich der Wandlungsprozess dadurch, dass er nicht intentional herbeigeführt werden kann, sondern ein „ständiges Durchlaufen von Situationen des Erlebens von Neuem" und eine „permanente Diskrepanz zwischen Aktivitätsplanung und -realisierung" (ebd., S. 93) impliziert.

Das biographische Interview hat in den Sozialwissenschaften eine hohe Popularität erlangt. Dies liegt unter anderem daran, dass es als ideales Erhebungs- und

Auswertungsverfahren zur Analyse jener Vorgänge gilt, die auch in den Sozialwissenschaften von hoher Relevanz sind: institutionelle Ablaufmuster, die sich in allen Lebensläufen finden, Erleidensprozesse (Verlaufskurven), Handlungsintentionen und -schemata sowie Wandlungsprozesse.

Über das Interesse am biographischen Interview sollten aber nicht dessen Grundlagen, die ihm mit Leitfadeninterviews (insbesondere Experten- und problemzentrierten Interviews) gemeinsam sind, vergessen werden. Im Rahmen der qualitativen Sozialforschung zielen all diese Erhebungsverfahren vor allem darauf, Narrationen und Stegreiferzählungen über die von den befragten Akteuren selbst erlebte[3] soziale Handlungspraxis anzuregen.[4]

---

3   Auch wenn Ivonne Küsters Leitfadeninterviews nicht als narrativ begreift, ist ihr doch hinsichtlich der Voraussetzungen für narrative Interviews zu folgen: Der/die Informant/in muss „selbst handelnd oder erleidend in den Vorgang involviert" gewesen sein, der bei ihm/ihr zudem eine „gewisse Aufmerksamkeit" erregt und einen „Prozesscharakter" (im Unterschied zu einem sich stets wiederholenden Geschehen) haben sollte (Küsters 2009, S. 30).

4   Selbstverständlich wurde das narrative Interview als *Erhebungsverfahren* auch kritisch diskutiert. Die Kritik bezog sich vornehmlich auf die Universalität bzw. Kulturabhängigkeit des Narrativen sowie auf den Zusammenhang von Erfahrung und Erzählung (vgl. im Überblick: Küsters 2009, S. 30–38, 187 ff. und Bohnsack 2014, S. 102-105).

Die Methodologie der dokumentarischen Interpretation von Interviews 3

In diesem Kapitel stelle ich ein Verfahren zur Auswertung von Interviews vor, das auf der Dokumentarischen Methode basiert. Diese dokumentarische Interviewinterpretation knüpft an bestimmte Elemente der in Kap. 2 vorgestellten Erhebungsverfahren wie auch an die Narrationsstrukturanalyse, an.

Die dokumentarische Interpretation von Interviews zeichnet sich erstens durch eine scharfe Trennung zwischen der thematisch zusammenfassenden, „formulierenden" Interpretation einerseits (3.1) und der „reflektierenden Interpretation" des Orientierungsrahmens, in dem Themen bearbeitet werden, andererseits aus. Dabei setzt die Dokumentarische Methode zweitens auf eine konsequente, von Beginn der Interpretation an einsetzende komparative Analyse (3.2). Drittens erzielt sie ihre empirischen Ergebnisse in Formen von Typen, insbesondere von mehrdimensionalen, soziogenetischen Typologien (3.3), die eine Generalisierung der Ergebnisse empirischer Interpretation ermöglichen (3.4). Während in diesem Kapitel die Schritte der dokumentarischen Interpretation theoretisch formuliert und methodologisch begründet werden, finden die Leser und Leserinnen in den Kapiteln 4 und 5 praktische Interpretationsbeispiele aus der empirischen Forschung. In der folgenden Tabelle werden die in diesem Buch dargelegten Stufen und Zwischenstufen der dokumentarischen Interpretation von Interviews zusammengefasst:

Stufen	Zwischenstufen
Formulierende Interpretation	Thematischer Verlauf und Auswahl zu transkribierender Interviewabschnitte
	Formulierende Feininterpretation eines Interviewabschnitts
Reflektierende Interpretation	Formale Interpretation mit Textsortentrennung
	Semantische Interpretation mit komparativer Sequenzanalyse
Typenbildung	Sinngenetische Typenbildung
	Soziogenetische Typenbildung

3.1 Zur formulierenden Interviewinterpretation

Die formulierende Interpretation von Interviews beginnt noch *vor* deren Transkription. Nach der Durchführung der Erhebungen hören die Forschenden die Audioaufnahmen der Interviews ab und verzeichnen tabellarisch die zeitliche Abfolge der Themen innerhalb eines jeden Falles. Mit diesen „*thematischen Verläufen*" (Bohnsack 2014, S. 137) können bereits vor der Transkription jene Themen identifiziert werden, die für die Forschung von besonderem Interesse sind.

Drei Kriterien sind für die Auswahl der thematischen Abschnitte relevant:

1. Von Interesse sind solche Themen, die vorab der empirischen Forschung von den Wissenschaffenden festgelegt wurden.
2. Zudem sind all jene Themen wichtig, zu denen sich die befragten Personen besonders ausführlich, engagiert und metaphorisch geäußert haben. Diese „Fokussierungsmetaphern" (Bohnsack 2014, S. 46) müssen schon deshalb beachtet werden, weil sie unter Umständen ein Korrektiv zu den Themen der Forschenden darstellen können.
3. Weiterhin ist es möglich, mit den thematischen Verläufen jene Themen zu identifizieren, die in unterschiedlichen Fällen gleichermaßen behandelt werden und sich insofern gut für die komparative Analyse eignen.

Die *Transkription von leitfadengestützten Interviews* kann – gerade dann, wenn man keine Totaltranskription des Interviews anfertigen kann oder will – nun mit denjenigen thematischen Abschnitten beginnen, die möglichst alle drei oben genannten Kriterien erfüllen. Später wird man dann sicherlich weitere Themen und Interviewabschnitte transkribieren, sodass man am Ende der Forschungsarbeit zwar vielleicht nicht alle Fälle in Gänze, aber doch die zentralen Abschnitte vieler Fälle schriftlich vorliegen hat.

Bei *biographischen Interviews* wird man mithilfe des thematischen Verlaufs zwar ebenfalls vergleichbare und besonders fokussierte Themenabschnitte identifizieren; gleichwohl ist es hier geboten, zumindest die Eingangserzählung (die durchaus mehrere Stunden dauern kann) vollständig zu transkribieren. Denn in dieser Eingangserzählung wird die Biographie ja in einer Weise erzählt, die möglichst wenig durch die Forschenden und möglichst weitgehend durch die Erforschten strukturiert ist.

Nach der Transkription wird eine *formulierende Feininterpretation* angefertigt. Dabei wird jeder Abschnitt sequentiell nach mehr oder weniger markanten Themenwechseln durchgesehen. Auf diese Weise werden Oberthemen und Unterthemen identifiziert. Zu jedem Unterthema, das sich über ein, zwei oder auch mehrere Interviewzeilen hinweg zieht, wird zudem eine thematische Zusammenfassung in ganzen Sätzen und mit den eigenen Worten der Forschenden angefertigt.

Schon diese Reformulierung des thematischen Gehalts dient dazu, die Forschenden gegenüber dem Text fremd zu machen (vgl. Schäffer 2006). Ihnen wird vor Augen geführt, dass der thematische Gehalt nicht selbstverständlich, sondern interpretationsbedürftig ist. Dies wird gerade dann deutlich, wenn es – wie so häufig – in der Forschergruppe oder Forschungswerkstatt zum Disput über die angemessene formulierende Feininterpretation kommt.

3.2 Zur reflektierenden Interviewinterpretation

Galt es in der formulierenden Interpretation, dem ‚Was' eines Interviewtextes auf die Spur zu kommen, so ist die reflektierende Interpretation dem ‚Wie' gewidmet: Wie wird ein Thema bzw. das in ihm artikulierte Problem bearbeitet, in welchem (Orientierungs-)Rahmen wird das Thema behandelt? Die Frage nach der Art und Weise, in der ein Thema bearbeitet wird, verweist gleichermaßen auf den formalen wie auf den semantischen Aspekt von Interviews. Die Semantik des Textes ist von seiner formalen Konstruktion nicht zu trennen, geht es hier doch darum, wie eine Praxis oder eine praktische Erfahrung geschildert wird. Dem trägt auch die dokumentarische Interviewinterpretation Rechnung.

Wie in Kap. 2 deutlich gemacht wurde, sollten nicht nur in biographischen Interviews, sondern auch in leitfadengestützten Interviews (Experteninterviews, problemzentrierte oder sonstige Interviews) erzählgenerierende Fragen gestellt werden. Führen diese zum Erfolg, so liegen in den zu interpretierenden Interviews vor allem Erzählungen vor, die selbstverständlich mit Beschreibungen, Argumentationen und Bewertungen verknüpft sind.

Die Dokumentarische Methode greift aus diesem Grunde im Zuge der formalen Interpretation die Textsortentrennung, wie sie in der Narrationsstrukturanalyse von Fritz Schütze entwickelt worden ist, auf, um dann bezüglich der Semantik auf ihre eigenen Mittel der komparativen Sequenzanalyse zurückzugreifen. Da die formale Ebene auch Auskunft über die Relevanz der semantischen Gehalte gibt, bietet es sich an, zunächst auf die formale Interpretation von Interviews einzugehen (3.2.1), um dann die mit ihr verknüpfte semantische Interpretation der dokumentarischen Methode vorzustellen (3.2.2).

3.2.1 Formale Interpretation und Textsortentrennung

Die Unterscheidung von Erzählung, Beschreibung, Argumentation und Bewertung, wie sie von Schütze entwickelt wurde, ist auch für die dokumentarische Interviewinterpretation grundlegend (vgl. auch Bohnsack 2014, S. 67). Zur Erinnerung (siehe ausführlich: Kap. 2.2): Erzählungen zeichnen sich dadurch aus, dass in ihnen der Informant Handlungs- und Geschehensabläufe darstellt, die einen Anfang, ein Ende und einen zeitlichen Verlauf haben. Beschreibungen zeichnen sich dadurch aus, dass in ihnen immer wieder kehrende Handlungsabläufe oder feststehende Sachverhalte (z. B. ein Bild, eine Maschine) dargestellt werden. Argumentationen sind (alltags-)theoretische Zusammenfassungen zu den Motiven, Gründen und Bedingungen für eigenes oder fremdes Handeln (vgl. Schütze 1987, S. 148). Bewertungen sind evaluative Stellungnahmen zu eigenem oder fremdem Handeln.

Schütze hat darauf hingewiesen, dass die *Stegreiferzählungen* – aufgrund der Dynamik ihrer Zugzwänge (hierzu: Kap. 2) – besonders nahe an den Erfahrungen des Erzählers liegen. Gerade weil er seine Erzählung komplettieren (in ihrer Gestalt schließen), kondensieren und detaillieren muss, verstrickt sich der Erzähler in den Rahmen seiner eigenen Erfahrungen und lässt damit in den Erzählungen einen tiefen Einblick in seine Erfahrungsaufschichtung zu. Hier kann – so Schütze – von einem engen Zusammenhang zwischen erzählter und erlebter Erfahrung ausgegangen werden. Gleichwohl ist diese Erfahrung stets in die Haltung der Erzählenden eingebunden und insofern ‚konstruiert'. Es ist also nie die ‚Wirklichkeit', sondern stets eine Erfahrung, die erzählt wird.

Im Gegensatz zu seinen Erzählungen trägt der Informant in den argumentativen und bewertenden Teilen narrativer Interviews vor allem der Kommunikationssituation und dem Gesprächscharakter des Interviews selbst Rechnung, denn er expliziert und theoretisiert hier ja gegenüber der Interviewerin Motive und Gründe seines eigenen Handelns oder nimmt zu diesem evaluativ Stellung. Argumentatio-

3.2 Zur reflektierenden Interviewinterpretation

nen und Bewertungen haben daher „einen starken inhaltlichen Bezug zum Gegenwartsstandpunkt des Erzählers" (Schütze 1987, S. 149).

Ob ein Interviewtext durch eine Erzählung oder eher durch Argumentationen und Bewertungen strukturiert wird, wird deutlich, wenn man die unterschiedlichen Ebenen der Schilderung beachtet. Die Zugzwänge des Erzählens können (nur) dann greifen, wenn die Erzählung im Vordergrund der Schilderung steht, selbst wenn diese durch Beschreibungen, Argumentationen und Bewertungen als Hintergrundkonstruktionen unterbrochen wird. Ist die Schilderung im Vordergrund aber durch Argumentationen und Bewertungen geprägt, die nur in Hintergrundkonstruktionen mit Erzählungen und Beschreibungen belegt werden, so verstrickt sich der Informant nicht in den Rahmen seiner eigenen Erfahrungen.

Im Rahmen der Dokumentarischen Methode lässt sich diese Unterscheidung zwischen der kommunikativen Stellungnahme zum eigenen oder fremden Handeln (Bewertung) bzw. der Explikation von dessen Gründen und Motiven (Argumentation) einerseits und der im Vordergrund stehenden Erzählung und Beschreibung der Erfahrung unmittelbarer Handlungs- und Geschehensabläufe andererseits grundlagentheoretisch fassen:

Die Erfahrung unmittelbarer Handlungspraxis, wie sie in im Vordergrund der Schilderung stehenden Erzählungen und Beschreibungen zu rekonstruieren ist, ist derart an diese Handlungspraxis, an das handlungspraktische Wissen und an die Selbstverständlichkeiten der Informanten gebunden, dass sie von diesen kaum kommunikativ expliziert, sondern nur erzählt oder beschrieben werden kann. Ein solches „atheoretisches Wissen" (Mannheim 1980, S. 73) erschließt sich uns nur dann, wenn wir entweder direkt die Handlungspraxis beobachten oder auf dem Wege von Erzählungen und Beschreibungen zu dieser Handlungspraxis gelangen (vgl. Bohnsack et al. 2013b, S. 15). Das atheoretische Wissen kann auf den persönlichen Habitus des/der Interviewten und mithin auf die individuellen Aspekte seiner/ihrer Lebensgeschichte beschränkt sein; in ihm können sich aber auch kollektive bzw. „konjunktive Erfahrungen" (Mannheim 1980, S. 225) widerspiegeln. Die Erzählungen und Beschreibungen in narrativ angelegten Interviews dienen also dazu, das „atheoretische" und „konjunktive Wissen", das in die Handlungspraxis zugleich eingelassene und diese orientierende Wissen der Interviewten, zu erheben. Karl Mannheim selbst betont, dass sich die Perspektivität atheoretischen und konjunktiven Wissens besonders gut in der „Grundform der Mitteilung geschehener Dinge", nämlich in der „Erzählung hinter der der Erzähler steht" (1980, S. 213), ausdrückt.

Von dem atheoretischen und z.T. konjunktiven, in die Handlungspraxis eingebundenen Wissen lässt sich das „kommunikative Wissen" (Mannheim 1980, S. 289) unterscheiden. Das kommunikative Wissen bezieht sich zumeist auf die

Motive des Handelns (um-zu-Motive im Sinne von Alfred Schütz) und „basiert auf wechselseitigen… Motivunterstellungen, die gesellschaftlich institutionalisiert, also ‚objektiviert' sind und die explizit oder ‚wörtlich' zum Ausdruck gebracht werden" (Bohnsack 2014, S. 62 f.). Das kommunikative Wissen korrespondiert insofern vor allem mit den Textsorten der Argumentation und der Bewertung. Denn in der Argumentation werden vornehmlich Motive und Gründe für Handlungs- und Geschehensabläufe genannt, die der Plausibilisierung gegenüber den Interviewer(inne)n dienen; in der Bewertung nimmt die Informantin – zumeist unter Bezug auf diese Motive und Gründe – Stellung, und zwar gegenüber dem Interviewer. Da Forschende und Erforschte meist unterschiedlichen Milieus angehören, müssen sich diese Plausibilisierungen und Stellungnahmen auf Wissensbestände beziehen, die über die Milieugrenzen hinweg gesellschaftlich geteilt werden. Ein solches gesellschaftlich geteiltes, kommunikatives Wissen ist notwendiger Weise abstrakt und damit von der Handlungspraxis relativ abgehoben.

Die Textsortentrennung, die Schütze für die Auswertung narrativer Interviews vorgeschlagen hat, findet sich also – wenn auch von einer anderen Theorietradition her kommend – analog in der Dokumentarischen Methode mit ihrer Unterscheidung zwischen atheoretischem (bisweilen konjunktivem) Wissen einerseits und theoretischem, kommunikativem Wissen andererseits wieder. Dabei sollte aber beachtet werden, dass die Unterscheidung zwischen atheoretischem/konjunktivem und kommunikativem Wissen eine analytische ist; gerade das Zusammenspiel von Erzählung/Beschreibung und Argumentation/Bewertung im narrativen Interview macht deutlich, dass die Menschen stets in beiden Ebenen der Sprache leben. Bei Karl Mannheim heißt es dazu: „Ist in uns also… eine relativ unversehrte Schicht des konjunktiven Erkennens vorhanden, und kommt hierzu schon ganz früh eine kommunikative Schicht, so entsteht dadurch als Ergebnis faktisch eine Doppeltheit der Verhaltensweisen in jedem einzelnen, sowohl gegenüber Begriffen als auch Realitäten" (1980, S. 296).

Da es in der qualitativen Sozialforschung nicht um jenen kommunikativen, von allen ohnehin geteilten und gewussten Teil des Wissens geht, sondern um das unbekannte atheoretische und konjunktive Wissen, stützt sich die Interpretation semantischer Gehalte dann vor allem – jedoch nicht ausschließlich – auf das atheoretische und konjunktive Wissen, wie es in Erzählungen und Beschreibungen, soweit sie im Vordergrund der Schilderung liegen, artikuliert wird.

Dies sollte jedoch nicht zu der Annahme führen, theoretische Textsorten seien für die Auswertung wertlos. Zwar ist es nicht sinnvoll, Argumentationen und Bewertungen als das zu rekonstruieren, was sie sein sollen: nämlich als Erläuterungen von Handlungsmotiven und -gründen bzw. als Stellungnahmen. Gleichwohl lassen sich auch Argumentationen und Bewertungen dokumentarisch interpretieren: Anstatt ihrem wörtlichen Sinngehalt zu folgen, kann man auch die Herstellungs- bzw. Konstruktionsweise der Argumentationen rekonstruieren und auf diese Weise herausarbeiten *wie* jemand seine Handlungsweisen rechtfertigt bzw. bewertet. Auch dieser modus operandi des Theoretisierens kann Aufschluss über die Orientierungsrahmen geben, innerhalb derer eine Person ihre Themen und Problemstellungen bearbeitet (siehe auch Kap. 6.1).[5]

3.2.2 Semantische Interpretation und komparative Sequenzanalyse

Während die formale Ebene der Interpretation mit ihrer Fokussierung der Textsortentrennung stark auf die Narrationsstrukturanalyse zurückgreift, kommt auf der semantischen Ebene vornehmlich die Dokumentarische Methode zum Tragen. Die formale Unterscheidung zwischen Argumentation, Bewertung, Beschreibung und Erzählung sowie die Fokussierung der letzteren zielt darauf, den Erfahrungen der Akteure Rechnung zu tragen, ohne aber deren subjektiven Sinnzuschreibungen aufzusitzen. Auch auf der semantischen Ebene geht es darum, einen Zugang zu einer Wirklichkeit zu finden, die weder jenseits des Akteurswissen als objektiv definiert wird noch sich im subjektiv gemeinten Sinn der Akteure (dem „intentionalen Ausdruckssinn" nach Mannheim) erschöpft. Die Dokumentarische Methode leistet hier einen Beitrag zur Überwindung dieser Dichotomisierung zwischen subjektivem und objektivem Sinn (vgl. Bohnsack 2005).

Zwar bleibt das Wissen der Akteure die empirische Basis der dokumentarischen Interpretation, doch löst diese sich von den Sinnzuschreibungen der Akteure ab. Voraussetzung hierfür ist die bereits mehrfach erwähnte Unterscheidung zwischen dem kommunikativ-theoretischen Wissen einerseits und dem impliziten atheoretisch-konjunktiven Wissen anderseits (vgl. Mannheim 1980). Die dokumentarischen Interpret(inn)en „gehen also nicht davon aus, dass sie mehr wissen als die Akteure oder Akteurinnen, sondern davon, dass letztere selbst nicht wissen, was sie da eigentlich alles wissen, somit also über ein implizites Wissen verfügen, welches ihnen reflexiv nicht so ohne weiteres zugänglich ist" (Bohnsack et al. 2013b, S. 12). Hier gewinnt der Beobachter einen „Zugang zur Handlungspraxis und zu

---

[5] Bei solchen Interviews, die nicht durch Erzählungen dominiert werden, in denen vielmehr Argumentationen im Vordergrund stehen, bietet es sich bisweilen an, dem Gesprächscharakter dieser Interviews umfassender Rechnung zu tragen und auf die Gesprächsanalyse der Dokumentarischen Methode (vgl. Bohnsack 2014, S. 123 ff.) mitsamt ihren Kategorien für die Bezeichnung der Diskursorganisation (Proposition, Elaboration, Konklusion) zurückzugreifen (vgl. auch Przyborski 2004).

der dieser Praxis zugrunde liegenden (Prozess-) Struktur, die sich der Perspektive der Akteure selbst entzieht" (ebd., S. 13).

Impliziert ist damit allerdings auch ein Bruch mit dem Common Sense. Gefragt wird nicht danach, *was* die gesellschaftliche Realität ist, sondern danach, *wie* diese Realität hergestellt wird. Die reflektierende Interpretation zielt „auf die Rekonstruktion und Explikation des *Rahmens*, innerhalb dessen das Thema abgehandelt wird, auf die Art und Weise, *wie*, d. h. mit Bezug auf… welchen Orientierungsrahmen das Thema behandelt wird" (Bohnsack 2014, S. 137; Hervorhebung im Original).

Wenn die Dokumentarische Methode darauf zielt, die implizite Regelhaftigkeit von Erfahrungen und den in dieser Regelhaftigkeit liegenden dokumentarischen Sinngehalt, d. h. den Orientierungsrahmen dieser Erfahrungen zu rekonstruieren, so bedeutet dies, über eine Sequenz von (erzählten) Handlungen hinweg Kontinuitäten zu identifizieren (s. Abb. 3.1):

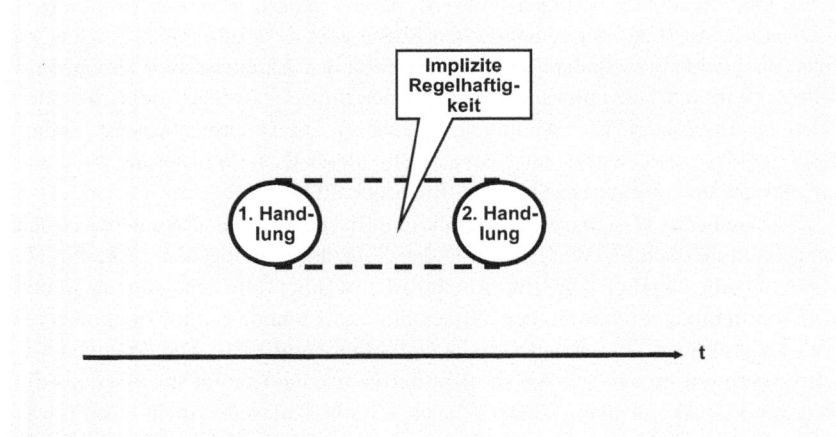

Abb. 3.1 Handlungssequenz

Die *komparative Sequenzanalyse*, die ich in Kap. 1 bereits kurz dargestellt habe, lässt sich hier unmittelbar auf die Analyse einer narrativen Textsequenz, in der verschiedene Abschnitte mit den in ihnen erzählten Handlungen aufeinander folgen, beziehen.

Geht man zunächst davon aus, dass in einem Fall ein Thema auf eine (und nur eine) bestimmte Art und Weise (d. h. in einem Rahmen) erfahren wird, so kann

3.2 Zur reflektierenden Interviewinterpretation

für eine Textsequenz davon ausgegangen werden, dass auf einen ersten Erzählabschnitt nur ein spezifischer, nämlich ein der jeweiligen Erfahrungsweise, dem jeweiligen Rahmen entsprechender zweiter Abschnitt folgen kann. Die Bestimmung des dokumentarischen Sinngehalts, der Bearbeitungsweise bzw. des Orientierungsrahmens wird dann möglich, wenn man die implizite Regelhaftigkeit, die den ersten mit dem zweiten und weiteren Abschnitten verbindet, rekonstruiert (vgl. Bohnsack 2001). Diese Regelhaftigkeit wird rekonstruiert, indem man nach der Klasse von zweiten Äußerungen sucht, die nicht nur thematisch sinnvoll erscheinen, sondern die auch homolog oder funktional äquivalent zu der empirisch gegebenen zweiten Äußerung sind.

Die Klasse der homologen Äußerungen zur empirisch gegebenen zweiten Äußerung lässt sich nun auf dem Wege des Vergleichs mit minimal bzw. maximal kontrastierenden empirischen Fällen bestimmen: Im Sinne des *minimalen Kontrastes* wird nun – neben gedankenexperimentell herangezogenen zweiten Äußerungen – nach Fällen gesucht, in denen auf eine ähnliche erste Äußerung eine dem ersten Fall homologe Anschlussäußerung folgt. Es geht also darum, Fälle zu finden, in denen die in der ersten Äußerung verbalisierte Problematik bzw. Thematik auf eine strukturgleiche Art und Weise bearbeitet wurde (s. Abb. 3.2).

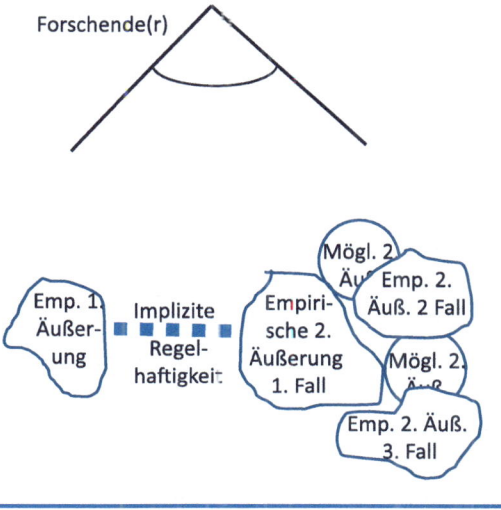

Abb. 3.2 Suche nach homologen 2. Äußerungen auf der Basis des minimalen Kontrasts

Die Bestimmung solcher homologen, funktional äquivalenten Anschlussäußerungen, die zur selben Klasse gehören, ist aber nur dann möglich, wenn sie von anderen, nicht homologen (heterologen) Äußerungen abgegrenzt werden können (s. Abb. 3.3). Die Suche nach Gemeinsamkeiten, d. h. nach homologen, zur selben Klasse gehörenden zweiten Äußerungen setzt also immer auch einen Vergleichshorizont nicht dazugehöriger, kontrastierender, d. h. zu anderen Klassen gehörender Anschlussäußerungen voraus. Daher werden an dieser Stelle *maximal kontrastierende* Fälle in den Vergleich einbezogen. Man rekonstruiert, wie dieselbe in einer ersten Äußerung geschilderte Thematik auch auf ganz andere Art und Weise bearbeitet werden kann, welche – zum ersten Fall – heterologen Anschlussäußerungen in den Kontrastfällen zu finden sind. Dabei sollten die in den Graphiken benutzten Charakterisierungen als zweiter, dritter, vierter oder fünfter Fall keine Reihenfolge des Samplings implizieren. Bisweilen kann z. B. eine frühe maximale Kontrastierung bei der Identifizierung impliziter Regelhaftigkeiten sehr erkenntnisfördernd sein.

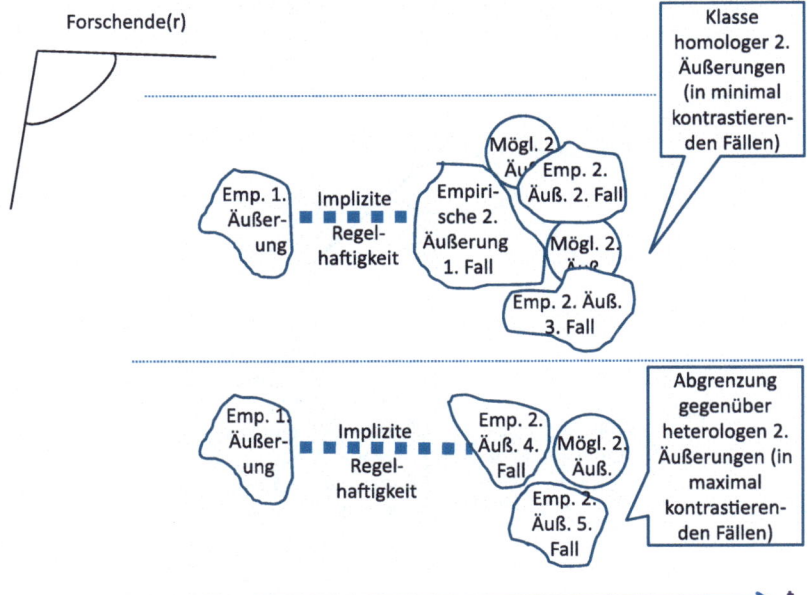

Abb. 3.3 Identifizierung der Klasse homologer Äußerungen durch Abgrenzung von maximal kontrastierenden Fällen

3.2 Zur reflektierenden Interviewinterpretation

Um dies an einem (fiktiven) Beispiel deutlich zu machen: Wir interpretieren drei Interviews A, B und C, in denen Menschen mittleren Alters unter anderem über ihren Schulanfang berichten. Von allen Dreien wird die erste Handlung mit ungefähr derselben Äußerung erzählt („und dann kam ich in die Schule" o.ä.). In Tab. 3.1 stelle ich die unterschiedlichen Anschlussäußerungen dar:

Fall Erzähl- sequenz	Interview A	Interview B	Interview C
1. Äußerung	„und dann kam ich in die Schule" o.ä.		
2. Äußerung	„ich war ganz allein"	„meine ganze Verwandtschaft war zum Fest gekommen"	„ich wollte endlich schreiben lernen"
3. Äußerung	„in der Schule traf ich auf ganz viele fremde Kinder"	„wir haben zwei Tage lang gefeiert"	„leider haben wir die ersten Wochen nur Bilder gemalt"

Tabelle 3.1 Erzählsequenzen in drei Fällen

Die implizite Regelhaftigkeit, die der Erzählsequenz in Interview A unterliegt, lässt sich einfacher erkennen und valider herausarbeiten, wenn man sie mit den Erzählsequenzen in den Interviews B und C vergleicht. Deutlich wird zum Beispiel, dass die Erzählsequenz in Interview A durch eine Orientierung an den sozialen Beziehungen innerhalb der Schule strukturiert ist (auch wenn diese von der Schule enttäuscht wurde). Dies fällt gerade dann auf, wenn man Interview C dagegen hält, in dem sich der/die Interviewte an dem (curricularen) Lernen abarbeitet. Zwar deutet sich auch im Interview B eine hohe Bedeutung sozialer Beziehungen an, doch geht es hier um die familialen Beziehungen, vor deren Hintergrund die Schule völlig an Relevanz verliert. Gleichwohl haben Interview A und B, wenn man von der jeweiligen Fallspezifik abstrahiert, die Bearbeitung des Schulanfangs im Orientierungsrahmen sozialer Beziehungen gemeinsam.

Wenn sich die Signifikanz einer Abfolge von Textabschnitten d. h. ihre Regelhaftigkeit, die als dokumentarischer Sinngehalt den Orientierungsrahmen ausmacht, nur in der Kontrastierung mit anderen, in weiteren empirischen Fällen gegebenen Abfolgen von Textabschnitten erfassen lässt (vgl. Bohnsack 2001, S. 337 f.), so dient hier der Vergleich vor allem der Ermöglichung und Erleichterung des interpretatorischen Zugriffs. Er ist aber zudem eine Methode zur Validierung von Interpretationen (dazu: Nohl 2007).

Jede Interpretation ist an Vergleichshorizonte gebunden. Bei der Interpretation eines einzigen (ersten) Falles interpretieren die Forschenden den Text vor dem Hintergrund ihrer eigenen, durch Erfahrung, Gedankenexperimente, (Alltags-)Theorien und/oder frühere empirische Forschungen zustande gekommenen Normalitätsvorstellungen. Wie müssten im Interview A *normalerweise* die an die Äußerung „und dann fing die Schule an" anschließende zweite und dritte Äußerung aussehen? Die zu dieser Frage (häufig nur implizit und stillschweigend) entwickelten Normalitätsvorstellungen basieren auf dem Standort der Interpret(inn)en (vgl. Mannheim 1985), denen zunächst nur das an dem Interview auffällt, was ihren eigenen Normalitätserwartungen entspricht oder widerspricht. Es droht eine „Nostrizifierung" (Matthes 1992), ein unvermitteltes Hineinnehmen des fremden Falles in die eigenen Selbstverständlichkeiten – selbst dann, wenn an dem Fall nur auffällt, dass er den eigenen Selbstverständlichkeiten widerspricht (s. auch Nohl 2013, Kap. 2.1).

Diese einseitig an den Standort der Forschenden gebundene Interpretation kann methodisch kontrolliert und reflektiert werden, indem man die impliziten und in der jeweiligen empirischen Forschung empirisch nicht abgesicherten Vergleichshorizonte durch empirische Vergleichshorizonte (d. h. durch andere empirische Fälle) ergänzt und unter Umständen teilweise ersetzt.

Zu Beginn der komparativen Sequenzanalyse werden die Interviews daraufhin verglichen, wie die Interviewten mit dem Thema umgehen, d. h. in welchen (unterschiedlichen) Orientierungsrahmen sie das Thema bearbeiten. Das gemeinsame Dritte, das den Vergleich hier strukturiert, das Tertium Comparationis also, ist hier das Thema der ersten Äußerung.

In leitfadengestützten Interviews bietet es sich an, als Tertia Comparationis zunächst jene Themen zu nehmen, die durch die Fragen des Leitfadens ohnehin vorgegeben sind. Wenn es etwa um Experteninterviews geht, dann interessiert ja gerade, wie diese Expert(inn)en bestimmte, ihnen gemeinsame Problemstellungen, die in den Fragen an sie angesprochen wurden (z. B. die Einstellung neuer Mitarbeiter, die Behandlung eines schwierigen Klienten), bearbeiten. Auch im problemzentrierten Interview – als einem weiteren Beispiel für leitfadengestützte Interviewverfahren – macht es Sinn, zunächst dem Umgang der Befragten mit jenen Themen und Problemen vergleichend zu interpretieren, die vorab der empirischen Forschung von den Forschenden als zentral gesehen wurden.

Demgegenüber ist bei biographischen Interviews – soweit sie nicht ohnehin thematisch (etwa auf die Berufsausbildung) fokussiert sind – die Identifizierung gemeinsamer Themen mit mehr Aufwand verbunden. Denn hier müssen die Themen aus den biographischen Interviews zunächst (im thematischen Verlauf und in der formulierenden Feininterpretation) herausgearbeitet und auf ihre fallübergreifende Relevanz hin überprüft werden.

Auch bei auf spezifische Fragestellungen bezogenen Leitfadeninterviews sollten möglichst mehrere Passagen eines jeden Falles einer Sequenzanalyse unterzogen werden, um den Orientierungsrahmen differenziert rekonstruieren zu können. Bei Biographieanalysen, in denen der Einzelfall ja insofern eine besondere Rolle spielt, als sich nur in ihm die biographische Erfahrungsaufschichtung zeigt, ist ohnehin der Einzelfall – im Vergleich mit anderen Fällen – umfassend sequentiell zu interpretieren.

3.3 Zur Typenbildung

Über die Zwecke der Validierung hinaus dient die komparative Sequenzanalyse auch der *Generierung mehrdimensionaler Typologien* (siehe zum Folgenden auch: Bohnsack 2013, 2014, Kap. 8; ursprüngl.: 1989, Kap. 3, 4.5). Denn die Identifizierung unterschiedlicher Abfolgen von Textabschnitten in verschiedenen Fällen und die Rekonstruktion der jeweiligen Orientierungsrahmen sollte nicht zufällig geschehen, sondern in die systematische Variation von Fällen und eine hieran anschließende Typenbildung eingebunden werden. Wendet man in der komparativen Analyse (zunächst) nur ein themenbezogenes Tertium Comparationis an (zum Beispiel die Frage, wie die Interviewten ihren ersten Schultag erzählen), so lassen sich aus den rekonstruierten Orientierungsrahmen *sinngenetische Typen* bilden (3.3.1). Eine komplexere komparative Analyse, innerhalb derer das Tertium Comparationis (mehrfach) variiert wird, ist die Voraussetzung für die mehrdimensionale *soziogenetische Typenbildung* (3.3.2).[6]

3.3.1 Sinngenetische Typenbildung

Die komparative Analyse der Sequenzanalyse hatte bis hierhin noch vornehmlich dazu gedient, die sequentielle Struktur, den Orientierungsrahmen (in dem ein Thema bearbeitet wird) in einem ersten Fall dadurch besonders genau zu rekonstruieren, dass er sich von den Orientierungsrahmen in einem vierten und fünften Fall klar abgrenzen ließ. Die kontrastierenden Orientierungsrahmen des vierten und

---

6   Wie bereits angedeutet, habe ich eine weitere Form mehrdimensionaler Typenbildung, die *relationale Typenbildung*, in einem neuen Band dieser Reihe ausgearbeitet (Nohl 2013).

fünften Falls waren hier vor allem als solche Orientierungsrahmen von Bedeutung, die nicht demjenigen des ersten Falles entsprechen.

In der sinngenetischen Typenbildung erhalten die kontrastierenden Orientierungsrahmen der Vergleichsfälle nun aber eine eigenständige Bedeutung und werden in ihrer eigenen Sinnhaftigkeit gesehen. Die so rekonstruierten Orientierungsrahmen werden *abstrahiert* (d. h. vom Einzelfall relativ abgelöst) und zu Typen (A und B etc.) ausformuliert (s. Abb. 3.4).

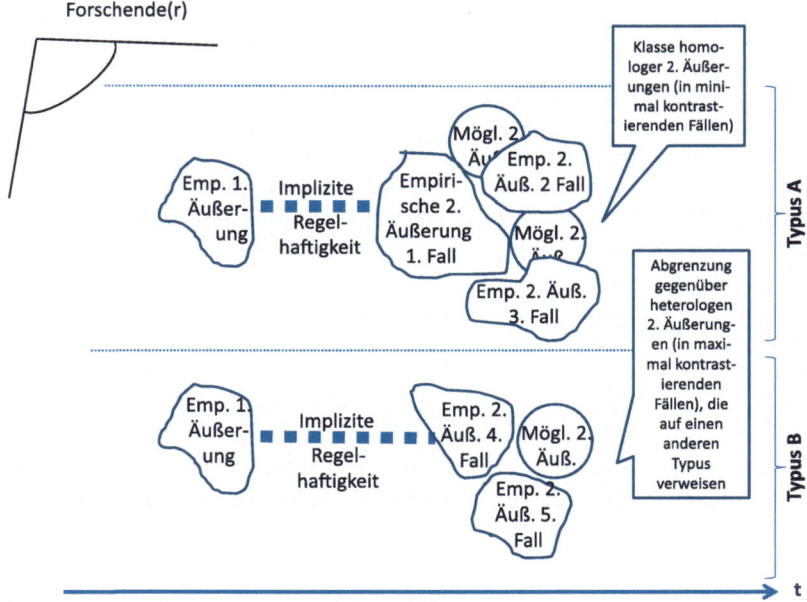

Abb. 3.4 Komparative Sequenzanalyse und sinngenetische Typenbildung

Die Abstraktion der jeweiligen Orientierungsrahmen und die hiermit ermöglichte sinngenetische Typenbildung lassen sich dadurch erleichtern, dass weitere Interviews herangezogen werden. So kann dann ein Orientierungsrahmen A, der zunächst nur im ersten Fall sichtbar war, nun auch im zweiten und dritten Fall herausgearbeitet – und auf diese Weise vom ersten Einzelfall abgelöst – werden. Und ein Orientierungsrahmen B, der zunächst nur im vierten Fall sichtbar war, kann nun auch im fünften Fall herausgearbeitet – und auf diese Weise vom vierten Einzelfall abgelöst – werden; und so weiter und so fort. (Maximale Kontraste sind spätestens für die Typenbildung wichtig. Deshalb ist mit der Charakterisierung als zweiter, dritter, vierter und fünfter Fall auch keine Reihenfolge des Sampling impliziert.)

Die sinngenetische Typenbildung zeigt, in welch *unterschiedlichen* Orientierungsrahmen die erforschten Personen jene Themen und Problemstellungen bearbeiten, die im Zentrum der Forschung stehen. Sie kann aber nicht deutlich machen, in welchen sozialen Zusammenhängen und Konstellationen die typisierten Orientierungsrahmen stehen. Zum Beispiel kann die sinngenetische Typenbildung weder zeigen, wie (als Beispiel für ein Experteninterview) eine bestimmte Behandlung von Klienten durch einen Pädagogen mit dessen Berufserfahrung in Zusammenhang steht, noch herausarbeiten, wie (als Beispiel für ein biographisches Interview) Bildungsprozesse mit dem Lebensalter verknüpft sind. Diese Frage nach den sozialen Zusammenhängen und der Genese eines Orientierungsrahmens werden in der *soziogenetischen Typenbildung* bearbeitet – einer Stufe der Typenbildung, die allerdings (aufgrund von Zeitknappheit oder einem ungeeigneten Sampling) nicht immer realisiert werden kann.

3.3.2 Soziogenetische Typenbildung

Wenn man herausfinden möchte, in welchem sozialen Zusammenhang die Orientierungsrahmen stehen, darf die Interpretation nicht mehr beim Vergleich zweier Interviews in Bezug auf ein Thema stehen bleiben. Die Interpretation muss vielmehr weitere Interviews und Interviewpassagen einbeziehen, in denen andere Themen bearbeitet und vor allem weitere Orientierungsrahmen rekonstruierbar werden.[7] Die Fruchtbarkeit und Aussagekraft des empirischen Vergleichs steigt mit dem Variationsgrad der angewandten Tertia Comparationis.

Um aber die Zusammenhänge zwischen unterschiedlichen Orientierungsrahmen herauszuarbeiten, ist es notwendig, die Tertia Comparationis nicht zufällig zu wechseln, sondern systematisch zu variieren. Dabei gilt es, das jeweilige Tertium Comparationis genau zu definieren. Wenn die einzelnen Typiken klar voneinander zu trennen sind, weil sie sich auf ganz unterschiedliche Themen und Problem-

---

7 Würde die Forschungsarbeit bei der Interpretation eines Themas (und der unterschiedlichen Orientierungsrahmen, die in verschiedenen Interviews hierzu deutlich werden) stehen bleiben, so wäre sie stark durch die „Einseitigkeit des Ausgangsproblems" (Luhmann 1988, S. 20) der Forschungsarbeit und damit durch die Standortgebundenheit der Forschenden geprägt. Wenn man nun aber auch vergleichende Interpretationen zu den Orientierungsrahmen anfertigt, in denen weitere Themen bearbeitet werden, ist dies ein „Korrektiv", insofern auf der „Sekundärebene", d. h. im zweiten Vergleich, „neue Gesichtspunkte eingeführt" (ebd.) werden (vgl. auch Nohl 2007).

stellungen beziehen, ist die empirische Definition der Tertia Comparationis unproblematisch. Denn dann ist das Tertium Comparationis jener Orientierungsrahmen, innerhalb dessen in unterschiedlichen Fällen ein gemeinsames Thema auf gleichartige Weise bearbeitet wird. Wenn die einzelnen Typiken jedoch anhand einander überlappender Themen und Problemstellungen oder gar anhand derselben Sequenz in den Interviews entwickelt werden, ist die empirische Definition der Tertia Comparationis recht schwierig. Sie wird sich zunächst eher tentativ und vorläufig formulieren lassen. Erst wenn die Untersuchung abgeschlossen ist und die einzelnen Typiken klar voneinander abzugrenzen sind, können dann die Tertia Comparationis präziser definiert werden. In der Abb. 3.5 wird dargestellt, wie eine zweidimensionale Typik anhand der komparativen Analyse von Sequenzen in mehreren Fällen entwickelt werden kann.

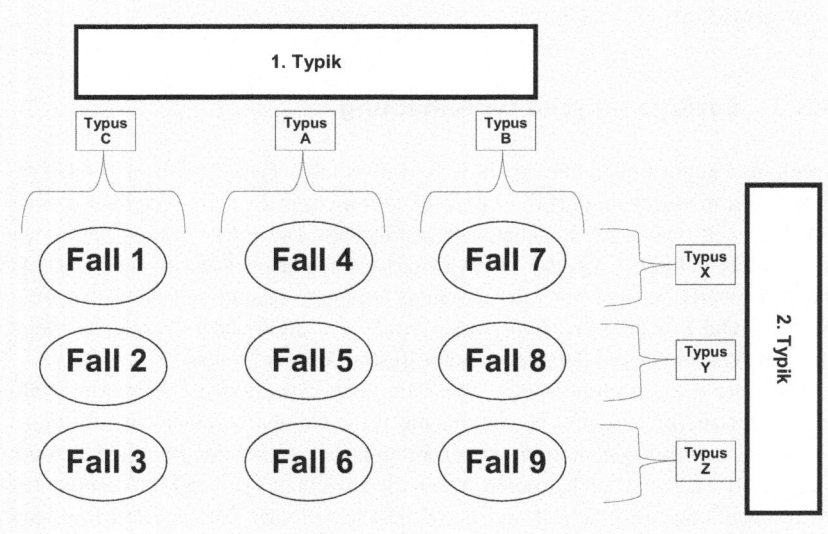

Abb. 3.5 Zweidimensionale Typenbildung

Die Typen A, B und C in der ersten Typik werden in diesem Beispiel anhand von je drei Fällen entwickelt. Drei Fällen ist hier jeweils ein Typus gemein (den Fällen 1 bis 3 etwa der Typus C). Doch aus einer anderen Perspektive betrachtet, unterscheiden sich diese drei Fälle auch wieder. Denn wenn man das Tertium Comparationis der komparativen Analyse wechselt, schaut man sozusagen aus einem

3.3 Zur Typenbildung

anderen Blickwinkel (in Abb. 3.5: nicht mehr von oben, sondern von rechts) auf die Fälle. Nun sieht man trotz der Gemeinsamkeit zwischen den Fällen 1 bis 3 auch Unterschiede. Und bezieht man auch die Fälle des Typus A und B ein, so werden diese Unterschiede immer klarer. Denn es gibt nicht nur innerhalb eines Typus C Unterschiede; die sich unterscheidenden Fälle haben wiederum innerhalb der anderen Typen A und B Gemeinsamkeiten mit bestimmten – aber keineswegs allen – Fällen. An diese neu entdeckten Unterschiede in den Orientierungsrahmen kann nun die Typenbildung anschließen und eine zweite Typik wird entwickelt. Zum Beispiel wird in den Fällen 1, 4 und 7 der Typus X deutlich.

Um dies zu verdeutlichen, möchte ich ein Forschungsbeispiel geben, das in Kap. 5 ausführlich vorgestellt wird: In einer Untersuchung zu spontanen Bildungsprozessen (vgl. Nohl 2006) wurden mit Jugendlichen, ca. 35jährigen Erwachsenen und ca. 65jährigen Seniorinnen narrative Interviews geführt, in denen sich Bildungs- und Wandlungsprozesse rekonstruieren ließen, die mit spontanem Handeln begannen. In den Erzählungen der untersuchten Personen dokumentiert sich nun, dass sie nach dem spontanen Beginn der neuen Handlungspraktiken (z. B. Bauen von Puppen, Breakdance, Beschäftigung mit dem Computer oder Spielen in einer Musikband) auch außerhalb ihres eigenen Milieus, vor allem auch bei öffentlichen Institutionen, um Anerkennung kämpfen mussten (sei dies die Anerkennung durch ihre Eltern oder durch staatliche Förderungsstellen oder durch den Markt).

Dieser Abschnitt der narrativen Interviews lässt sich zum einen als Phase im Wandlungsprozess identifizieren und dieser Orientierungsrahmen als „Phase der gesellschaftlichen Bewährung" zu einem Typus abstrahieren, wenn man den Gesamtverlauf von Lebensgeschichten als Bezugsdimension nimmt und diesen Abschnitt mit anderen Phasen des Wandlungsprozesses vergleicht.

Zieht man hingegen zwei Fälle heran, die nicht nur die Gemeinsamkeit der „Phase der gesellschaftlichen Bewährung" aufweisen, sondern sich darüber hinaus hinsichtlich des Lebensalters der Erzähler/innen unterscheiden, so wechselt man die Bezugsdimension: Nicht mehr die lebensgeschichtliche Dimension, sondern die Dimension der Lebensalter steht nun im Vordergrund der Interpretation.

Obwohl in diesem Vergleich zweier Fälle sich das Bemühen um eine Anerkennung der neuen Handlungspraxis außerhalb des eigenen Milieus, in den öffentlichen Institutionen, weiterhin zeigt, werden innerhalb dieser Gemeinsamkeit doch auch Unterschiede zwischen Erzähler(inne)n im Jugendalter und solchen in der Lebensmitte deutlich: Denn letztere suchen dezidiert nach einer positiven Bewährung im Umgang mit gesellschaftlichen Institutionen, während es bei den Jugendlichen durchaus auch handlungsbestärkend sein kann, wenn sie zunächst eine ablehnende Reaktion von Seiten öffentlicher Institutionen erhalten, wenn z. B. die Polizei sie kriminalisiert.

Es gibt also in der einen Dimension (jener der Lebensgeschichte) Gemeinsamkeiten in Form des Typus „Phase der gesellschaftlichen Bewährung". Demgegenüber sind es in der zweiten Dimension (jener des Lebensalters) Unterschiede in Form der Typi „hohe Bedeutung einer positiven Bewährung im Umgang mit gesellschaftlichen Institutionen" einerseits und „geringe Bedeutung einer positiven Bewährung im Umgang mit gesellschaftlichen Institutionen" andererseits zu sehen.

Wie mit diesem Beispiel deutlich wird, beginnt die Bildung einer Typik damit, dass in den Fällen ein homologer Orientierungsrahmen (im Beispiel: die Phase der gesellschaftlichen Bewährung) gefunden wird, der auf Gemeinsamkeiten der Fälle innerhalb einer Dimension (jener des Phasenablaufs in Wandlungsprozessen) verweist und zu einem Typus abstrahiert werden kann. Vor dem Hintergrund dieser Gemeinsamkeit zeichnen sich dann andere Orientierungsrahmen (die Bedeutung von positiven oder negativen Reaktionen seitens öffentlicher Institutionen) ab, in denen sich die beiden Fälle voneinander unterscheiden. Hier ist zu vermuten, dass diese kontrastierenden Orientierungsrahmen und die an sie anknüpfenden Typi einer zweiten Erfahrungsdimension (nämlich jener des Lebensalters), zuzuordnen sind. Dies bedarf dann der weiteren Ausarbeitung (etwa unter zusätzlichem Einbezug von Seniorinnen).

Bohnsack (1989, S. 374) schreibt zu dieser Vorgehensweise: Der „Kontrast in der Gemeinsamkeit ist fundamentales Prinzip der Generierung einzelner Typiken und ist zugleich die Klammer, die eine ganze Typologie zusammenhält". Solche Kontraste in der Gemeinsamkeit müssen als Ausgangspunkt einer mehrdimensionalen Typenbildung dienen. In der erwähnten Untersuchung zu spontanen Bildungsprozessen sind dies die lebensgeschichtliche Dimension der Phasenabfolge in Wandlungsprozessen, die lebensalterspezifische Dimension dieser Wandlungen und – in Ansätzen – deren schulabschlussspezifische Dimension (s. ausführlich dazu: Kap. 5).

Die Auswahl dieser Dimensionen für die Typenbildung ist kontingent. Sie basiert einerseits auf den Forschungsinteressen, andererseits aber auch auf der Struktur des Samples, das genau diese Vergleiche zulässt. Im Forschungsbeispiel hätte eine systematische Variation der Geschlechtszugehörigkeit etwa auch in dieser geschlechtsspezifischen Dimension eine Typenbildung zugelassen.

Bei der *Interpretation von leitfadengestützten Interviews* wird man sicherlich darauf achten, dass die wesentlichen Themengebiete der Interviews in der Typenbildung abgebildet werden. Es erhöht aber die Validität der Forschung und ihren innovativen Charakter, wenn neben den schon eingeplanten Typiken weitere Typiken, die so noch nicht absehbar waren, entwickelt werden können.

Bei *Experteninterviews* ist noch ein besonderer Umstand zu berücksichtigen. Entgegen der früher von Michael Meuser und Ulrike Nagel vertretenen Auffassung, dass die „Gesamtperson" der Expert(inn)en überhaupt nicht interessiere, sondern nur der „organisatorische oder institutionelle Zusammenhang" (2002, S. 72 f.), in dem die Experten stehen, geht man heute davon aus, dass die Frage, welches Gewicht der Gesamtperson eines Experten und ihrem Herkunftsmilieu für ihr Handeln zukommt, eine empirische Frage ist (vgl. Bogner und Menz 2002, S. 44) – die deshalb auch eine empirische Antwort darauf erfordert, wie die „Relevanzen der Privatperson ... in die für das Expertenhandeln primären funktionsbezogenen Relevanzen einfließen" (Meuser und Nagel 2009, S. 469). Dies ist dann auch im Forschungsdesign zu berücksichtigen, in dem die Suchstrategien für eine Typenbildung sowohl organisatorische/professionelle Kontexte als auch ‚private' Kontexte einbeziehen sollten.

Bei *biographischen Interviews* ist eine soziogenetische Typenbildung sicherlich nicht weniger voraussetzungsvoll. Obgleich die Erzähler/innen einer Lebensgeschichte durch die Zugzwänge des Erzählens (implizit) auf eine Homogenisierung und Gestaltschließung ihrer Narrationen verpflichtet werden, lässt sich in dokumentarischer Interpretation die Heterogenität und Mehrdimensionalität der Fälle herausarbeiten. Das heißt, obgleich die Lebensgeschichte in einem Zug erzählt wird, können in ihr unterschiedliche, z. B. phasen-, lebensalter- und schulmilieuspezifische Orientierungsrahmen rekonstruiert und zur Typenbildung herangezogen werden. Auch in Lebensgeschichten finden sich also diese Heterogenität und Pluralität, dieses „Ineinandersein Verschiedener sowie das Vorhandensein eines einzigen in der Verschiedenheit" (Mannheim 1964, S. 121).

3.4 Generalisierung empirischer Interpretationen

Insofern mit der Dokumentarischen Methode an einem Fall (im systematischen Vergleich mit anderen Fällen) gleich mehrere Typiken in ihrer Überlappung identifizierbar sind, unterscheidet sie sich von anderen Ansätzen der Typenbildung (s. Nohl 2013, Kap. 2). Diese mehrdimensionale Typenbildung ermöglicht dann auch eine Generalisierung von Untersuchungsergebnissen.

Generalisierung bedeutet in der Dokumentarischen Methode vor allem: Generalisierungsfähigkeit einer Typik (z. B. der Phasen im Wandlungsprozess). Diese Generalisierungsfähigkeit hängt davon ab, inwieweit die Überlagerungen dieser Typik durch andere Typiken (etwa jener des Lebensalters) „nachgewiesen und somit im Rahmen einer Typologie verortet werden können" (Bohnsack 2013, S. 267). „Eine generalisierungsfähige Typenbildung setzt voraus, dass sie in der Überlagerung bzw. Spezifizierung durch andere Typiken bestätigt wird und somit immer wieder und dabei auch immer konturierter und auf immer abstrakteren Ebenen sichtbar gemacht werden kann" (ebd., S. 266; vgl. auch Bohnsack 2005).

Gemäß der Dokumentarischen Methode haben „Generalisierungsleistungen … ihre Voraussetzungen darin, dass die Grenzen des Geltungsbereichs des Typus bestimmt werden können, indem fallspezifische Beobachtungen aufgewiesen werden, die anderen Typen zuzuordnen sind. Am Fall sind somit grundsätzlich unterschiedliche Typen bzw. Typiken, d. h. unterschiedliche Dimensionen oder ‚Erfahrungsräume' auf der Grundlage komparativer Analyse … aufzuweisen und deren ‚Überlagerungen' empirisch zu rekonstruieren" (Bohnsack 2005, S. 76). Generalisierung und Spezifizierung bedingen also einander. Ohne dass gezeigt werden könnte, wie eine Typik A durch eine weitere Typik X überlagert wird, ohne dass also die Grenzen einer jeweiligen Typik spezifiziert werden könnten, kann auch nicht generalisiert werden.

4 Die Praxis der dokumentarischen Interpretation von leitfadengestützten Interviews: Ein Beispiel von der formulierenden Interpretation bis zur sinngenetischen Typenbildung

Die Praxis der dokumentarischen Interpretation wird nun zunächst anhand von leitfadengestützten Interviews aufgezeigt, um dann im nächsten Kapitel anhand von biographisch angelegten narrativen Interviews vertiefend dargestellt zu werden. Wie Leitfadeninterviews dokumentarisch interpretiert und wie hieraus empirische Ergebnisse erzielt werden können, zeige ich in vier Schritten. Zunächst wird es darum gehen, wie man geeignete Abschnitte aus leitfadengestützten Interviews im Zuge der Erstellung eines thematischen Verlaufs identifiziert (4.1). Dann werden diese ausgewählten Stellen transkribiert und formulierend (fein-)interpretiert (4.2), um schließlich einer reflektierenden Interpretation (4.3) unterzogen zu werden. Die reflektierende Interpretation ist bereits weitgehend durch die komparative Analyse gerahmt und mündet in eine sinngenetische Typenbildung (4.4), mit der dieses Kapitel endet.[8]

Das Forschungsbeispiel stammt aus einer Untersuchung zu Existenzgründungen, die innerhalb eines internationalen Förderprogramms finanziell unterstützt worden waren; die Auftraggeberin dieser Untersuchung, die Deutsche Kinder- und Jugendstiftung, bat meine damalige Mitarbeiterin Anne-Christin Schondelmayer

---

[8] Wie im vorangegangenen Kapitel gezeigt, kann die dokumentarische Interviewinterpretation bis zur soziogenetischen Typenbildung gehen. Diese wird allerdings nicht in diesem Kapitel, sondern erst im folgenden anhand eines weiteren Forschungsbeispiels gezeigt.

und mich, mit zehn Neuunternehmer(inne)n Interviews durchzuführen und auf diese Weise ihre Existenzgründungen zu evaluieren. Zwar galt es auch, den gesamten Verlauf der Existenzgründung und ihre Vorgeschichte in einem langen narrativen Teil des Interviews empirisch zu erfassen, doch zog es die Auftraggeberin vor, sich nicht auf ein völlig offenes Erhebungsverfahren zu verlassen. Vielmehr verpflichtete sie uns – wie dies für Evaluationsaufträge üblich ist – auf einige bestimmte Fragestellungen, die es in jedem Fall zu erforschen galt. Wir entschlossen uns daher, neben der narrativen Eingangsfragestellung zum Verlauf der Existenzgründung einen offenen Leitfaden heranzuziehen, für den wir mehrere erzählgenerierende Fragen zu uns interessierenden Themen entwickelten.

Eines der uns und die Auftraggeberin interessierenden Themen war die Haltung, die die Existenzgründer/innen gegenüber (potentiellen) Mitarbeiter(inne)n einnahmen. Denn wie man Mitarbeiter/innen beschäftigt, mit ihnen umgeht und welche Aufgaben man ihnen anvertraut, ist für das Gedeihen einer Unternehmung von hoher Bedeutung. Das Wachstum eines Unternehmens ist stets mit Mehrarbeit verbunden, die von dem/der Existenzgründer/in alleine nicht mehr bewältigt, sondern nur noch delegiert und verteilt werden kann. Wie wichtig die Beschäftigung von Mitarbeiter(inne)n für die Existenzgründer/innen ist, wird schon darin deutlich, dass es in den Interviews oftmals selbstläufig, d. h. ohne Nachfragen der Interviewerin, angesprochen wurde.

Wie die Interviews in Bezug auf dieses Thema ausgewertet wurden, möchte ich im Folgenden im Detail darstellen. Selbstverständlich umfasst unsere Untersuchung weitere Aspekte, auf die hier nicht näher eingegangen werden kann (vgl. dazu aber Nohl und Schondelmayer 2006).

4.1 Identifizierung zu transkribierender Interviewabschnitte mithilfe des thematischen Verlaufs

Wenn nun das zuerst zu untersuchende Thema nicht gleich am Anfang des Interviews steht, sondern irgendwo in ihm ‚versteckt' ist, wie kann es dann identifiziert werden, ohne zuvor eine Totaltranskription der Erhebung zu machen? Da die Dokumentarische Methode keinen besonderen Wert darauf legt, den gesamten Fall in allen seinen Einzelaspekten kennenzulernen (und dafür transkribieren zu müssen), behilft man sich hier zunächst mit einer Zusammenfassung der zentralen Interviewthemen. Dazu werden die Interviews von der Audioaufnahme abgehört und die Themen in ihrer Abfolge mit Zeitangaben und Anmerkungen versehen aufgeschrieben. Auf der Basis dieser „thematischen Verläufe" (Bohnsack 2014, S. 137) können dann diejenigen Interviewabschnitte identifiziert und ausgewählt werden,

4.1 Identifizierung zu transkribierender Interviewabschnitte ...

die z. B. für die Erforschung der Haltungen, die die Existenzgründer/innen gegenüber Mitarbeiter(inne)n einnehmen, wichtig sind.

Wie solche thematischen Verläufe aussehen können, stelle ich anhand dreier Interviews vor, die ich aus dem Sample der Existenzgründer/innen ausgewählt habe und welche auch noch in den weiteren Schritten der dokumentarischen Interpretation als Forschungsbeispiele heranzuziehen sein werden. Es handelt sich um Frau Gesteiger, die einen Videokanal gegründet hat, um Herrn Reichmann, der ein Booking-Büro (Konzertagentur) aufgebaut hat, und Frau Hintzer, die eine Filzpuppenmanufaktur besitzt.

Wie in Kap. 3.1 gezeigt, sind für die Auswahl der zu transkribierenden und zu interpretierenden Interviewabschnitte drei Kriterien wichtig, von denen allerdings nicht immer alle erfüllt sein können: 1.) Das Thema des Abschnitts sollte für die Forschenden relevant sein, 2.) zugleich aber auch von den Interviewten engagiert behandelt worden sein. 3.) In weiteren Fällen sollten sich thematisch ähnliche Abschnitte finden lassen.

In der Untersuchung zu Existenzgründer(inne)n hat uns nun das Thema „Beschäftigung von Mitarbeiter(inn)en" interessiert, das zudem (auch aufgrund unserer Leitfadenfragen) in allen Interviews behandelt wurde. Die thematisch relevanten, sich auf die Beschäftigung von Mitarbeiter(inne)n beziehenden Abschnitte sind in den folgenden Tabellen grau unterlegt.

Thematischer Verlauf zum Interview mit Frau Gesteiger (Videokanal), 26.09.2003, ca. 15:00-16:20 (erstellt von Anne-Christin Schondelmayer, überarbeitet und gekürzt vom Autor)

Zeitpunkt	Fragen des Interviewers Y, Themen (abstrakt und knapp zusammengefasst oder nahe am Wortlaut der interviewten Person)
Disc 1, I 0:00	Y: persönliche Vorstellung von Y und Aufforderung, über letzten zwei Jahre zu erzählen, beginnend mit Gründung bis dato
1:05	Entwicklung des Unternehmens und des Teams sowie Darstellung seiner zentralen Aktivitäten
4:36	Y: Aufforderung, über momentane Projekte zu berichten
4:40	Aktuelle Arbeit
7:20	Y: Unterschiede zwischen den Filmen?
7:25	Inhalt und Entstehung der Filme.
7:51	Y: Wie haben Mitarbeiter davon erfahren?
7:53	Freunde von mir. Waren begeistert.
8:18	Y: Frage nach Vertrieb

8:31	Verkauf über Internetbestellseite, Läden in Hamburg und Zwischenhändler in Schweiz und Österreich.
9:32	Y: Frage nach erster und jetziger Ausgabe
9:49	Von der schlechten zur modernen Technik
11:40	Y: Frage nach Häufigkeit der Ausgaben
11:43	6x im Jahr.
12:03	Y: Aufforderung zu erzählen wie Reaktionen waren
12:26	Reaktionen des Umfeldes /Marktposition / Kunden
14:23	Y: Wie läuft das mit Festivals
14:25	Schilderung der Kontaktaufnahme mit Festivals
16:18	Y: Frage nach persönlicher Entwicklung zu polit. Film
16:34	Persönliche Verknüpfung mit Entwicklung des Unternehmens.
17:57	Y: Seit wann Filme?
18:02	Nach Studium Kurzfilme, dann immer in Filmbranche gearbeitet. Betriebswirtsch. Bewertung des Unternehmens.
19:03	Y: Wann war Förderung?
19:20	War das ganze Jahr 2001.
19:30	Y: erst Filme, dann Selbstständigkeit?
19:40	Hab immer Filme gemacht, hab dann Job als Cutterin gekündigt und Videokanal gegründet.
20:09	Y: Frage nach unternehmerischen Seite
20:19	Unternehmerisch funktioniert es, wichtig ist Zufriedenheit
22:00	Y: Seit wann Zusammenarbeit mit Holger?
22:02	Schleichender Einstieg. Fest dabei seit 1,5 Jahren
22:21	Y: Und die anderen?
22:24	Am Anfang zu dritt. Die anderen hatten Interesse an Subkultur. Die wollten nicht mitarbeiten als sie merkten es wird kein kommerzielles Unternehmen. Dann war ich ne zeitlang alleine, dann kam Holger.
23:00	Y: Gründung als Team?
23:06	Zu dritt. War meine Idee und hab mir die geholt. Halbes Jahr zu dritt.
23:24	Y: Wann und wie gemerkt kein kommerzielles Unternehmen?
23:27	Am Anfang Sponsoren gesucht. Hat nicht geklappt und hatten komische Erfahrungen gemacht.
25:10	Y: Uneinigkeit?
25:15	Kein wirklicher Streit, aber mit mir lässt sich kein kommerzielles Ding machen, da sind die gegangen.
25: 39	Y: Frage ob selbst aktiv in politischen Gruppen
25:50	Videoaktivismus, wird auch so gesehen bei anderen Aktivistinnen
26:09	Y: Frage nach der Reaktion des Umfelds auf Videokanal

4.1 Identifizierung zu transkribierender Interviewabschnitte ...

26:14	Lustig gemacht: Kanal Gesteiger, aber inzwischen finden die meisten es toll.
27:03	Y: Noch mal wegen Prag
27:12	Auseinandersetzung mit polit. Themen verändert persönliche Einstellung
29:53	Y: Zukunft? Entwicklung?
30:10	Zukunftsvisionen
31:24	Y: Frage nach Reaktion von Buchläden/ Szene vorher und jetzt
31:48	Am Anfang überall rein und übriggeblieben sind nur politische Buchläden und paar Kinos.
32:45	Y: Frage nach Idee engl. Übersetzung
32:53	Expansionsmöglichkeit durch Übersetzung
33:26	Y: Frage nach Werbung, bspw. durch andere Websites
33:30	Einbindung in andere Gruppen
34:21	Y: Frage nach Förderung
34:31	Ohne Förderung hätte es das Projekt nicht gegeben. Finanzielle Perspektiven der Existenzgründung
36:43	Y: Frage nach persönlicher Entwicklung
37:01	Persönliche Entwicklung
38:17	Y: gelernt?
38:19	Gelernt wie man Filme, Dokus macht. Haben vor nach Kolumbien zu fahren, Filme im deutschen Fernsehen über Kolumbien sind schlecht informiert
43:33	Y: mit wem nach Kolumbien?
43:35	Mit chilenischem Kameramann, der guten Hintergrund hat, weil Vater in der Gewerkschaft war und Schlimmes erlebt hat
44:22	Y: Wie entsteht Kontakt?
44:28	In fremde Länder durch polit. Delegationen die nach Hamburg kommen.
45:24	Y: finanziell nicht leicht?
45:25	Sind auf Förderungen von Stiftungen angewiesen.
46:08	Y: wie Zusammenarbeit mit Holger?
46:14	Holger Netz, Internet, Vertrieb. Ich Redaktion, Schnitt, Filme
46:33	Y: Frage nach Kunst oder Journalismus
46:46	Dokumentarfilm ist Kunstgattung.
47:24	Y: Frage nach dem Umgang mit negativen Reaktionen
47:43	Reaktionen des Umfelds und der Verwandten.
50:38	Y: Interessiere mich für die Selbstständigkeit im biographischen
51:02	Selbstständigkeit als einzige Alternative
52:38	Y: Frage nach Bewertung von „Citynet"
53:04	Bedeutung von „Citynet" (Förderprogramm) für Existenzgründung
58:14	Y: Zusammenarbeit mit Holger

58: 19	Läuft gut weil Arbeitsbereiche getrennt sind. Er findet ich bin sehr dominant, finde ich nicht. Wir sind beide sehr froh über diese Arbeit.
59:31	Y: Frage nach Filmfestivals
59:40 61:00	Keine Ahnung über Reaktion, fahre ja da nicht hin. Einmal war ich dabei bei Transmediale. Da waren die Reaktionen vom Publikum ganz toll.
II, 0:00	Y: wie kannst Du Leute erreichen, die du erreichen möchtest?
0:26	Über Festivals. Normale Leute erreichen. Deckt sich schön persönliche Wünsche und politische Arbeit. Ich möchte davon leben können und das führt dazu dass Leute Filme sehen, die nicht schon politisiert sind.
2:11	Y: dazu mehr Mitarbeiter?
2:16	Nicht mehr, sondern richtige: gute Kamera, gute Pressearbeit, sind Glücksfälle
...	...

Schon der thematische Verlauf kann ein wichtiges Instrument sein, um die komparative Analyse in der reflektierenden Interpretation zu erleichtern und eine spätere Typenbildung zu ermöglichen. Denn bereits im thematischen Verlauf werden jene Themen identifiziert, die den Fällen gemeinsam sind; diese thematisch gleichen oder ähnlichen Interviewabschnitte können später dann einer genaueren – vergleichenden – Interpretation unterzogen werden.

Finden sich im Interview mit Frau Gesteiger mehrere thematisch relevante (auf Mitarbeit bezogene) Abschnitte an unterschiedlichen Stellen des Interviews (die transkribierten Abschnitte sind im thematischen Verlauf grau unterlegt), so ist es im Interview mit Herrn Reichmann vor allem eine längere und daneben eine kürzere (im folgenden thematischen Verlauf grau unterlegte) Interviewpassage, die thematisch relevant sind und sich mit dem Fall von Frau Gesteiger vergleichen lassen.

Thematischer Verlauf zum Interview mit Herrn Reichmann (Booking-Büro), 02.10.2003, ca. 9:45-11:10 (erstellt von Anne-Christin Schondelmayer, überarbeitet und gekürzt vom Autor)

Zeitpunkt	Fragen des Interviewers Y, Themen (abstrakt und knapp zusammengefasst oder nahe am Wortlaut der interviewten Person), Anmerkungen zum Interviewverlauf (Metaphorik, Unterbrechungen, Steigerungen)
Disc 1, I 0:10	Y: Aufforderung zu erzählen, was er die letzten zwei Jahre gemacht hat, was aus ihm geworden ist

4.1 Identifizierung zu transkribierender Interviewabschnitte ...

0:36	Entwicklung der Firma //UNTERBRECHUNG DES INTERVIEWS//
II, 0:05	Unternehmen trägt sich, aber ist schwierig. Mehr Mitarbeiter als früher. Konsumverhalten hat sich verändert
5:30	Y: Aufforderung ausführlicher zu erzählen
5:53	Beschreibung der eigenen Arbeit. Mitarbeiter: Ich hab die meiste Erfahrung (10 Jahre). Kollegin Missi hat n großes Wissen erlangt, wenn ich krank bin, kann sie die Firma alleine führen. Das tut gut zu wissen.
17:15	Y: Frage woher Wissen über zahlreiche Clubs in Deutschland
17:23	Scenewissen und Regeln guter Arbeit.
22:51	Y: Mitarbeiter?
23:00	Mitarbeiter sind Leute aus der Szene.
25:50	Y: Was machst du so?
26:07	Gibt unterschiedliche Phasen. Privatsphäre etwas beschnitten. Unterschiedlich anstrengend
29:28	...
...	...

Nachdem nun feststellbar ist, dass das Thema „Mitarbeiter" nicht singulär, sondern in mindestens zwei Interviews zu finden ist, geht die Suche nach weiteren Vergleichsfällen los. Auch wenn dies zu diesem Zeitpunkt der Forschung noch nicht so ohne weiteres zu erkennen ist, geht es nun vor allem darum, maximal kontrastierende Fälle zu finden, d. h. solche Fälle, in denen mit dem Thema „Mitarbeiter" ganz anders umgegangen wird. Im Nachhinein (d. h. nach der reflektierenden Interpretation) sollte sich der Fall von Sabine Hintzer als solch ein kontrastierender Fall erweisen. Anhand des thematischen Verlaufs lässt sich aber erst einmal nur erkennen, dass es ein relevanter, weil thematische Gemeinsamkeiten aufweisender Fall ist.

Thematischer Verlauf zum Interview mit Sabine Hintzer (Puppenmanufaktur), 24.09.2003, ca. 16:30-18:00 (erstellt von Anne-Christin Schondelmayer, vom Autor überarbeitet und gekürzt)

Zeitpunkt	Fragen des Interviewers Y, Themen (abstrakt und knapp zusammengefasst oder nahe am Wortlaut der interviewten Person), Anmerkungen zum Interviewverlauf (Metaphorik, Unterbrechungen, Steigerungen)
Disc 1, I 0:00	...
...	...

Disc 2, I 0:18	Y: Frage nach Internetseite
0:20	Internetseite ist selbst gemacht, aber nicht perfekt
3:48	Y: Wie viele Puppen pro Tag?
3:50	Produktion auf Vormittag beschränkt wegen Kindern
4:57	Frage nach Bestellung per Internet
4:58	Erfahrung mit Internetverk.
5:35	Frage nach Misserfolge, Fehlschlägen
5:50	Kaum Misserfolge. Lächerlich persönlich oder mangelndes Wissen
9:12	Y: Frage nach Abrechnung
9:18	Alles abends, wenn Kinder schlafen, am Vormittag nur Puppen produzieren.
10:49	Y. Frage nach Mitarbeiter
10:55	Überlege wie ich meine Freundin anstellen kann, arbeitet schon länger mit als Praktikantin.
12:04	Y: Auch Geschäftspartnerin?
12:09	Nein. Im Prinzip arbeitet sie schwarz. Baut Puppen und kriegt Geld pro Stück. Mit Ideefindung und Geschäftsidee hat sie nichts zu tun.
15:56	Y: Frage nach Reaktion des Umfelds auf Puppen und Existenzgründung
16:09	...
...	...

Die grau unterlegten Abschnitte der drei Interviews werden nun transkribiert, um anschließend ausführlich interpretiert zu werden. Selbstverständlich ist diese Auswahl von Interviewabschnitten durch die Forschungsfrage bestimmt; mit einem anderen oder umfangreicheren Forschungsinteresse (wie es letztlich ja auch der empirischen Evaluation dieser Existenzgründungen unterlegen hat) würde man andere und/oder mehr thematische Abschnitte für die weitere Forschungsarbeit heranziehen. Es wäre aber auch möglich, zunächst von denjenigen Themen auszugehen, über die die Interviewten besonders ausführlich und angeregt erzählt haben.

Im Folgenden finden sich nun die transkribierten Interviewabschnitte:

4.1 Identifizierung zu transkribierender Interviewabschnitte ...

Gesteiger (Z. 16-24):

16	Gf:	mm und (2) wir arbeiten jetzt halt zu zweit also des Team hat sich jetzt auch so
17		stabilisiert, nachdem am Anfang immer n sehr großer Durchlauf war von Leuten
18		die mitgearbeitet ham und dann wieder gegangen sind und so; des ist jetzt halt so
19		(2) dass Holger und ich die meiste Arbeit machen, dann gibts aber (1) n handvoll
20		Leute die uns Filme schicken oder für uns drehen gehen oder (1) ja mit uns
21		zusammen Filmprojekte machen //mmh// () ähm projektbezogen mitarbeiten. (1)
22		Und wir ham jetzt auch ne- Channel Zero hat auch ne Zweigstelle in Wien jetzt,
23		Also des Channel Zero gibt's jetzt auch in Österreich, und da machen des auch
24		zwei Leute,

Gesteiger (Z. 161-176):

161	Gf:	und ähm bei Holger is das ähnlich; der arbeitet auch so viel also wir machen das
162		ja zu zweit jetzt. und der (1) der hat halt auch so Nebenjobs; und ist auch
163		überarbeitet@(1)@ //@(.)@//
164	Y:	seit wann arbeitet ihr jetzt zusammen?
165	Gf:	Holger is- wann issen der eingestiegen? mm er is so schleichend eingestiegen
166		erst n halbes Jahr und dann am Ende war er ganz fest dabei, und ich glaube so
167		richtig fest dabei ist er jetzt seit ähm (1) eineinhalb Jahren; so was ja //mmh//
168	Y:	und wie war das mit den anderen, wo du gesagt hast äh-
169	Gf:	na die ersten beiden- am Anfang waren wir ja zu dritt, die beiden waren halt-
170		hatten halt das Interesse an Subkultur an Trash und so und die (1) die wollten
171		dann aber nicht mehr mit machen als sich herausgestellt hat dass es kein
172		kommerzielles Unternehmen ist und dass sie davon auf absehbare Zeit nicht
173		leben können werden. dann waren die weg, @(1)@ und dann war ich ne zeitlang
174		allei=ne; mehr oder weniger, (2) ich weiß dann gar nicht mehr wer da noch da
175		war, das- die große Änderung war dann halt als Holger eingestiegen is; //mmh//
176		(3)

Gesteiger (Z. 380-388):

380	Y:	und äh fährst du da mit m Holger zusammen hin?
381	Gf:	nein, ich fahr jetzt in dem Fall mit einem chilenischen (.) äh Kameramann hin
382		der hier in Deutschland lebt; und dessen Vater in der (.) in der Zeit der Diktatur
383		in Chile Gewerkschafter war und der da ziemlich viele schlimme Sachen
384		miterlebt hat in der Zeit; also sein Vater; und dieser Kameramann hat deswegen
385		so n ganz guten Hintergrund für d- für die Arbeit //mmh// weil's in unserem Film
386		halt auch darum geht wie (2) ähm Cocacola (1) in Zusammenarbeit mit den
387		Paramilitärs die Gewerkschafter- also Gewerkschafter ermordet hat; //mmh// das
388		ist das Thema ermordet hat lassen; (3)

Gesteiger (Z. 466-478):

466	Y:	kannst noch bisschen was über eure Zusammenarbeit erzählen? (2)
467	Gf:	unsere Zusammenarbeit, (2) ähm na unsere Zu-Zusammenarbeit läuft ganz gut
468		weil- ich glaube weil unsere Aufgabenbereiche so (.) klar getrennt sind; //mmh//
469		dadurch dass wir halt wirklich ganz verschieden sind; ich hab ge- wirklich keine
470		Ahnung was der da mit der Internetseite macht, mit den Servern die wir dafür
471		brauchen, da weiß ich gar nichts davon; und er (.) weiß halt manchmal auch
472		nicht was wir als nächsten Film produzieren werden so, und das ist ganz gut,
473		dass das so getrennt ist, weil dann redet man sich nicht rein; und ansonsten
474		findet er immer dass ich sehr dominant bin, und ich finde das stimmt gar nicht;
475		@(.)@ //mmh// aber die Zusammenarbeit läuft ganz gut; weil wir halt beide sehr
476		froh sind über die Arbeit; wir kriegen immer so viele Emails wo drinsteht dass es
477		so toll ist was wir so machen und so viele Bestellungen übers Netz und dann ist
478		es einfach (.) jeden Tag schön. //mmh// (6)

Gesteiger (Z. 512-518):

512	Y:	und ähm bräuchtest du da mehr Mitarbeiter zum Beispiel? oder?
513	Gf:	ich bräuchte nicht mehr, sondern die Richtigen. die muss man finden; also ich
514		brauch einen richtig tollen Kameramann, //mmh// und dann vielleicht noch ne
515		richtig tolle also ne Frau die richtig- oder n Mann die richtig gut Pressearbeit
516		machen kann, //mmh// aber des sind halt dann so (.) Glücksfälle wenn so jemand
517		auftaucht und dann auch noch die Möglichkeit hat mitzumachen und so weiter;
518		da muss man einfach drauf warten dass das passiert;

Hintzer (463-520):

463	Y:	aber jetzt so ähm (1) eigentlich arbeitest du ganz alleine, ne. du hast niemand-
464		weil du manchmal sagst du wir und- aber von der Arbeit bist du eigentlich ganz
465		a- ⌊
466	Hf:	ja das is relativ
467		äh- ich überlege gerade wie ich Sylvia anstellen kann; //mmh.okay// also die
468		arbeitet schon lange her in sonem Praktikantenstatus mit. //mmh// und (3) das is
469		genau im Moment meine Frage wie das am besten geht. die war bis vor kurzem
470		Studentin, und jetzt is se so bisschen in luftleeren Raum wohnt noch in Berlin
471		und wird da auch sicher noch ne Weile wohnen bleiben, (2) und für sie überleg
472		ich so ne Halbtagsstelle oder n diesen Minijob; //mmh// (3) die is Patentante och
473		von den Kindern und Freundin und also da is schon viel was so gemeinsam (.)
474		gut funktioniert. //mmh// das is ja auch - wenn die hier wohnt wochenweise;
475		muss ja auch menschlich gut funktionieren sonst (1) geht das nich. (4)
476	Y:	und mit der sprichst du dann auch geschäftliche Dinge ab, oder ? bist du da (.)
477		ganz mit dir alleine?
478	Hf:	die beteiligt sich nicht daran. also die macht wirklich- es ähm also ich weiß nich
479		ob man- wie offiziell das is; hier? //nich so offiziell// gar nich offiziell. im
480		Prinzip arbeitet se ja im Moment wirklich schwarz. ne, //mmh// so. also sie baut
481		Puppen, und kriecht dafür- also se im Prinzip isses n Werkvertrag; also sie
482		kriecht baut Puppen und kriecht Stück(.)geld dafür; //ja// und (1) und das würde
483		auch weiter so bleiben; mit dem Geschäftlichen und mit der Ideenfindung und

4.1 Identifizierung zu transkribierender Interviewabschnitte ...

484		solchen Sachen hat se nüscht zu tun. das sind meine Puppen. (1)
485	Y:	ja aber des ist jetzt nicht so wie ne (.) Geschäftspartnerin, oder so? oder jemand
486	Hf:	⌊ nee.
487	Y:	der die Abrechnung zum Beispiel mal übernimmt, oder, gar nich.
488	Hf:	⌊ mm. nee, des hatt ich
489		überlegt ob wir (1) ob wir offiziell sozusagen Geschäfts<u>partner</u>innen werden,
490		aber das würd nicht funktionieren mit ihr weil se dies ganze Zeug nich kann.
491		//mmh// will sie nich machen. //mmh// und kann se auch nich; scheut sich davor
492		zutelefonieren und (1) ja (1) und son Schreibzeug macht se ne so kitschig waren,
493		besuchen, und (1) ne; die is wirklich richtig gut in diesem was sie so äh kann
494		genau äh bau- eben genau die Puppen die ich haben will ne? //mmh//so also die
495		unterscheiden sich nich von meinen; und das ist wichtig. //ja// hat auch nich den
496		Ehrgeiz irgendwelche eigene Kreationen zu entwickeln, //mmh// (1) womit ich
497		och (.) wennse gut sind natürlich keine Schwierigkeiten hätte oder wenn ich
498		dahinter stehe, aber (.) meistens hat das bisher nicht funktioniert, also ich hab ja
499		schon öfter mit Leuten zusammengearbeitet; (1) die dann (1) eine Freundin ganz
500		am Anfang die hat dann angefangen eigene Sachen zu entwickeln und hat dann
501		Filzbilder gemacht, (1) und verkaufen wollen, (1) und die hab ich n paar mal mit
502		aufn Markt genommen und dann war mir das peinlich weil die so kitschig waren,
503		dass es nich ging; //mmh// also war nich zu verknüpfen mit meiner Art die
504		Dinge zu sehen und auch die Puppen die sie gemacht hat; also sie hat von mir
505		die Technik und das Knowhow gelernt, sozusagen und hat dann aber eigene
506		Entwürfe gemacht, (1) und das <u>ging</u> nich; des war- also für mich unerträglich;
507		weil das war halt nur kitschig war; //mmh// also die hatten keene Ausstrahlung.
508		die waren süß; aber mehr nich; //mmh// (1) und das is bei Sylvia <u>eben nich</u>. die
509		macht wirklich genau das was ich (.) will und ich näh zum Schluss die Augen du
510		die Münder ran, des sind dann nach wie vor meine Puppen; ne, //ja// das is
511		wichtig für mich. (3) und deswegen werd ich sie auch an- oder will ich sie auch
512		anstellen und nich- (1) also wir hatten überlegt ob sie sich auch selbstständig
513		macht und da- des is ja aber wahrscheinlich auch schwierig wenn sie (.) dann
514		sozusagen trotzdem nur von mir Aufträge kriecht, (1) oder wir müssten die
515		ganzen Marktgeschichten splitten und sie müsste selber ihre Steuerabrechnung
516		machen, das kriegt sie aber glaub ich nicht hin; //mmh// @(.)@ also hat sie keine
517		Lust zu; und das würde och schwierig werden; //mmh// hätt ich auch Schiss dass
518		ich da in Teufelsküche komme und, //ja// also mach ich's lieber selber. und, (2)
519		versuch sie anzustellen und beiß in diesen sauren Apfel dieser blöden Not-
520		lohnnebenkosten und //mmh// Zahlungen, das pft hilft da scheinbar nischt. (2)

Reichmann (Z. 166-195):

166	R:	.........ich mach den ganzen Kram- den ganzen Job jetzt halt schon seit zehn
167		Jahren, und hab deswegen sicherlich die meiste Erfahrung, kann die Sachen
168		besser einschätzen und hab die Kontakte, äh (.) meine Kollegin Missi mit der ich
169		das äh von Anfang an zusammen mache, hat sicherlich ne Vorbild- macht das
170		jetzt aber in unserer Firma im Prinzip seitdem die ganze Zeit also s-sie lernt
171		noch, hat aber mittlerweile sich=n großes Wissen erlangt und is einfach auch in
172		der Lage sagen wir mal so wenn keine Ahnung ich krank bin oder so dann is sie
173		absolut in der Lage die Firma allein zu führen; was gut is; und was auch n
174		bisschen also äh auf gegenseitig natürlich beruht, was n bisschen beruhigt dass
175		man sich nicht so äh völlig äh (1) wie soll ich sagen? äh allein verantwortlich

176		fühlt oder so //mmh// und das mit einem steht und fällt äh was ganz schön
177		belastend sein kann natürlich; äh das is glaub ich nich so; da ergänzen wir uns
178		ganz gut und die Leute die neu dabei sind, oder eben halt auch weniger arbeiten
179		muss man halt einfach sagen, Teilzeit. ähm größtenteils; äh entwickeln sich,
180		lernen Sachen, wir versuchen denen auch n bisschen mehr mitzu- äh
181		mitzugeben; wichtig is dass sie eben halt die Abläufe (.) die so ne Tour (.)
182		beinhaltet oder so ne Tourorganisation beinhaltet, einfach lernen standardisieren;
183		dafür muss man einfach ne weil da sein muss man n paar Sachen gemacht ham;
184		da fängt man- weiß ich- wie überall ganz unten an, und macht erst mal den
185		schnöden Standardpapierkram der dafür nötig ist und ähm (.) das geht halt so
186		weiter dass man verschieden Sachen organisiert bis- eh ich denke mal das
187		verantwortungsvollste bei ähm sonem äh Tourneebooking is, was vielleicht am
188		meisten Spaß macht ist mitm finger auf der Landkarte zu verreisen und ähm sich
189		die Städte und Orte auszusuchen wo man denkt dass die Band Erfolg haben
190		könnte; natürlich muss man dafür schon n vor- im voraus wissen, in welcher
191		Stadt ist welcher Club der richtige; für welche Musik //mmh// wi:e is die Band
192		gelagert, wo ham die eventuell mehr Fans? äh wo kommt die her, in welcher
193		Gegend kommt die Musik an; es gibt für einzelne Musikarten Hochburgen oder
194		aber auch spezielle Veranstaltungen; die halt in äh den einzelnen Städten an
195		manchmal bestimmten Tagen sind;

Reichmann (Z. 295-333):

295	Y:	und äh nochmal die Mitarbeiter, wo du vorhin gesagt hast, //Rm: mmh// die so
296		dazu gekommen sind; wie hat sich das-?
297	Rm:	ja abso- es is zum Beispiel der Student der jetzt bei uns so n bisschen (.) im Büro
298		rumwurstelt, der für uns das ganze Jahr lang vorher im Prinzip die Grafiken
299		gemacht; also er- wie soll man sagen, eigentlich ist das so nach dem Motto na ja
300		nun komm und setz dich mal hier hin und wir sehen zu dass du da n bisschen
301		Geld für krichst; äh mehr oder weniger Belohnung für ein Jahr für umsonst Flyer
302		Poster und sonstigen @Blödsinn@ zu machen //mmh// also äh der hat sich da
303		quasi schon (.) reinge(.)arschküsst. @(.) das passiert.@ nein. nicht wirklich; er
304		ist halt auch äh jemand der wirklich aktiv dabei ist macht selber n online fanzine;
305		is halt- äh kümmert sich um unsere Website und um die Grafik und solche
306		Geschichten und is einfach an irgendnem Punkt besser Leute dichter dran zu
307		haben und auch im Büro dass man die Sachen von einem Tisch aufn anderen
308		schieben kann anstatt dass man eben halt ne halbe Woche Woche hinter jemand
309		hinterher rennt und wir brauchen dies und das und jenes dringend und ähm da
310		natürlich auch na ja äußerst gering=e Entlohnung für geben kann;
311		dementsprechend klar is es dann halt zeitlich und auch vielleicht qualitativ
312		einfach anders als wenn man das n bisschen mehr unters eigene Dach zieht; und
313		und so ist das halt. Leute die uns helfen und mit uns arbeiten, sind einfach aktive
314		Szenemenschen, wenn man so will; und ham sich allein deswegen schon
315		qualifiziert weil sie aus eigenem Antrieb ähm einfach Sachen gemacht ham;
316		//mmh// vorher schon; und das ist auch das ist- glaub ich das aller wichtigste
317		ähm (.) für Leute mit denen man was macht wenn man denkt okay wir brauchen
318		jemand der uns äh noch hilft oder uns zuarbeitet oder mit uns arbeitet empfiehlt
319		es sich absolut drauf zu achten dass es Leute sind die- wie soll ich sagen? n n
320		aktiven Antrieb haben, die halt einfach- die sich für die Musik für diese art von
321		Musik intressieren, und eben halt jo wie gesagt entweder zum Beispiel ihr

322	eigenes fanzine machen, oder (.) äh zum Beispiel unsere jetzige Auszubildende
323	hat früher auf eigene Faust in- öh ja absolut jungen Jahren paar lokale Bands
324	einfach gebucht; Freunde von ihr die halt äh in Bands gespielt ham hat denen
325	geholfen versucht denen halt auch deutschlandweit Shows zu besorgen und so
326	was natürlich wenn man so für sich alleine so n bisschen rumnuckelt immer
327	schwierig ist, aber na ja man lernt dabei was und äh man kricht mit wie man mit
328	Leuten umgeht, letztendlich ist es ja sowieso so dass man klar wahrscheinlich
329	achtzig Prozent des Jobs bestehen aus email schreiben und telefonieren. und das
330	ist eigentlich das was man am allermeisten beherrschen muss. //mmh// davon
331	abgesehen dass man mal auch äh nachts um vier ins Bett gehen muss und
332	morgens um neun aufstehen oder um acht; und ähm ja das sind glaub ich so ganz
333	entscheidende Geschichten;

4.2 Formulierende Feininterpretation

Zur Erinnerung: Die formulierende (Fein-)Interpretation dient dazu, die thematischen Gehalte von Interviews in den eigenen Worten der Forschenden zusammengefasst wiederzugeben. Es wird dabei bewusst auf eine sozialwissenschaftliche Begrifflichkeit verzichtet.

Für einzelne Abschnitte lässt sich jeweils – nach der Interpretation – das Thema identifizieren. Für die im Folgenden interpretierten kurzen Abschnitte genügt es, je ein Thema anzugeben. Bei längeren Abschnitten kann es vorkommen, dass mehrere Unterthemen identifiziert werden, die dann wiederum zu einem Oberthema gehören.

Gesteiger, Z. 16–24

Thema: Mitarbeit im Videokanal

16–18   Während es früher eine hohe Fluktuation an Mitarbeitenden gegeben hat, arbeitet Frau Gesteiger nunmehr nur mit einer weiteren Person zusammen.

18–21   Das Schwergewicht der Arbeit tragen Frau Gesteiger und eine Person namens „Holger",[9] während andere Personen unterschiedliche Zuarbeiten erledigen.

21–24   Der Videokanal ist mittlerweile auch in der Hauptstadt von Österreich mit einer Dependance vertreten.

---

9 Wortwörtlich aus dem Interviewtext übernommene Formulierungen sollten in der formulierenden wie in der reflektierenden Interpretation mit Anführungszeichen als solche markiert werden.

Gesteiger, Z. 161–176

Thema: Zeitlicher Verlauf der Mitarbeit von unterschiedlichen Personen
161–163 Holger und eine andere, in diesem Abschnitt nicht benannte Person, haben neben der Arbeit im Videokanal weitere Nebenbeschäftigungen und sind „überarbeitet".
164–167 Auf die Frage nach der Dauer der Zusammenarbeit antwortet Frau Gesteiger mit dem Hinweis darauf, dass der Einstieg von Holger allmählich und unmerklich vonstatten gegangen sei, er aber mittlerweile seit 18 Monaten „fest" mitarbeitet.
168–173 Auf die Frage nach den früheren Mitarbeiter(inne)n erklärt Frau Gesteiger, deren Vorlieben seien anders gelagert – nämlich an „Subkultur" orientiert – gewesen und sie hätten den Videokanal verlassen, als sich dessen (von Frau Gesteiger gewollte) Unkommerzialität und Unprofitabilität herausstellte.
173–176 Im weiteren Verlauf musste Frau Gesteiger „allei=ne" arbeiten, bis schließlich eine Wende mit dem Erscheinen von Holger eintrat.

Gesteiger, Z. 380–388

Thema: Die Person eines weiteren Mitarbeiters
380–382 Auf die Frage nach der Begleitperson für eine Fahrt antwortet Frau Gesteiger, sie fahre mit einem „Kameramann", der aus Chile stammt.
382–384 Der „Vater" dieses Kameramannes habe während des totalitären Regimes in seinem Heimatland viele Schwierigkeiten gehabt.
384–388 Dies stellt für Frau Gesteiger einen „guten Hintergrund" dar, um diesen Auftrag zu bewältigen, da es um einen Auftragsmord einer großen Getränkefirma an einem Syndikalisten gehe.

Gesteiger, Z. 466–478

Thema: Kooperation
466–473 Auf die Frage nach der Kooperation antwortet Frau Gesteiger, diese funktioniere recht zufriedenstellend, da man eine klare Differenzierung der Arbeitsfelder habe. Sie deutet darauf hin, dass ihr Partner für den Webauftritt zuständig sei, während sie sich für die Produktion der Filme engagiere. Keiner mische sich jedoch in das Arbeitsfeld des anderen ein.
473–474 Ihr Partner ist der Meinung, sie sei beherrschend, was sie aber abstreitet.
475–478 Die Arbeit und Kooperation läuft dennoch – aufgrund des vielen Zuspruchs, den sie erhalten – gut.

4.2 Formulierende Feininterpretation

Gesteiger, Z. 512–518

Thema: Rekrutierung von Mitarbeitern
512–518 Auf die Frage, ob Frau Gesteiger „mehr" Personen bräuchte, die kooperierten, antwortet sie, indem sie auf die Bedeutung der „Richtigen" hinweist. Dies führt sie anhand des Kameramannes und einer Person für die Public Relations aus, die „toll" sein müssten. Solche Personen jedoch zu finden, habe mit glücklichem Gelingen zu tun, das man nicht herbeiführen, sondern nur abwarten könne.

Hintzer, Z. 463–521

Thema: Beschäftigung von Mitarbeiterinnen
463–466 Die Interviewerin geht davon aus, dass Frau Hintzer „alleine" tätig ist, weist aber darauf hin, dass sie bisweilen auch von sich in der Mehrzahl spricht. Frau Hintzer fällt ihr hier ins Wort und betont, dass dies „relativ" sei.
467–475 Frau Hintzer erläutert dies, indem sie auf „Sylvia" hinweist, die seit langem als Praktikantin bei ihr arbeitet und auch enge private Beziehungen zu ihr und ihren Kindern hat, so dass es – was für Frau Hintzer notwendig ist – auch in dem zwischenmenschlichen Kontakt mit ihr gut klappt. Für Sylvia denkt Frau Hintzer über eine Anstellung nach.
476–494 Auf die Frage, ob sie mit dieser Person das Geschäft zusammen führe, macht Frau Hintzer deutlich, dass dies nicht der Fall sei, zumal sie nicht offiziell in dem Betrieb arbeite, sondern nach Arbeitserträgen bezahlt würde. Weder für die kreative noch für die kommerzielle Seite sei Sylvia zuständig, wegen des mangelnden Interesses und dem Mangel an Fähigkeit auf Seiten Sylvias. Gleichwohl gibt Frau Hintzer zu, einmal erwogen zu haben, Sylvia mehr Verantwortung zu geben.
494–497 Sylvia baut dieselben Puppen wie sie Frau Hintzer kreiert, ohne aber selbst kreativ zu sein – genau dies ist auch die Erwartung von Frau Hintzer.
497–509 Zwar sei es prinzipiell möglich, auch eigenständig kreativ zu sein, doch habe Frau Hintzer schlechte Erfahrungen mit Personen gemacht, die dann zwar die Technik von ihr erlernt hätten, dann aber Puppen kreiert hätten, die ihr „kitschig" vorkommen.
509–512 Bei Sylvia sei dies aber nicht der Fall, auch weil der Endschliff der Puppen durch Frau Hintzer selbst geleistet würde. Daher möchte sie jetzt auch Sylvia anstellen.

512–520 Eine Selbständigkeit von Sylvia und eine Teilung des Marktes kam aufgrund von mangelndem Interesse nicht zustande, zumal Frau Hintzer in dieser Hinsicht auch Schwierigkeiten befürchtet hatte.

Reichmann, Z. 166–195

Thema: Wissen und Erfahrung der Mitarbeiter/innen

166–178 Zwar ist Herr Reichmann aufgrund seiner zehnjährigen Tätigkeit am erfahrendsten, doch auch seine „Kollegin" hat durch ihre lange Mitarbeit in dem Unternehmen einen großen Schatz an „Wissen", sodass sie einander im Falle von Krankheit vertreten können. Dies entlastet Herrn Reichmann hinsichtlich der Verantwortung für das Unternehmen.

178–186 Diejenigen Mitarbeiter, die neu sind oder nur wenig arbeiten, lernen bestimmte Arbeitsvorgänge, die mit der Buchung von Tourneen zu tun haben und weitgehend ‚standardisiert' sind.

188–195 Die interessanteste und mit der größten Verantwortung verbundene Aufgabe ist die Festlegung der Tourneeroute für eine Band, bei der es darauf ankommt, regionale Musikgeschmäcker und besondere Veranstaltungen zu kennen.

Reichmann, Z. 295–333

Thema: Anforderungen an die Mitarbeiter/innen

295–306 Auf die Frage, wie die Mitarbeiter neu hinzugekommen seien, antwortet Herr Reichmann am Beispiel eines „Studenten", der zunächst ein wenig und mit spezifischen Aufgaben wie der graphischen Gestaltung beschäftigt war und erst später durch das große Engagement, das er – auch außerhalb des Unternehmens – gezeigt hat, ganz in das Unternehmen gekommen ist.

306–313 Das Engagement der Beschäftigten und ihre Nähe und Zuverlässigkeit erscheinen Herrn Reichmann sehr wichtig, gerade auch angesichts der geringen Entlohnung für die Arbeit.

313–322 Wichtig ist es, dass die Mitarbeiter selbst in der Musikszene aktiv sind und aufgrund dessen „aus eigenem Antrieb" engagiert sind, zumal wenn sie einschlägige Vorerfahrungen haben. Herr Reichmann achtet bei der Rekrutierung neuer Mitarbeiter auf das Vorhandensein eines solchen Interesses.

322–328 Eine noch in der Ausbildung befindliche Mitarbeiterin hat vor ihrer Anstellung Kerntätigkeiten des Unternehmens ähnliche Praktiken eigenständig ausgeführt, auch wenn dies nicht ohne Probleme gewesen sei. Wichtig war aber, dass sie dabei viele Kontakte geknüpft und Kommunikation geübt habe.

328–333 Die zentrale Fähigkeit, die verlangt sei, sei das Kommunizieren per mail und Telefon sowie eine große zeitliche Belastbarkeit.

4.3 Reflektierende Interpretation

Zur Erinnerung: In der reflektierenden Interpretation gilt es, den Orientierungsrahmen zu rekonstruieren, innerhalb dessen die – in der formulierenden Interpretation identifizierten – Themen bearbeitet werden. Die formalen Aspekte dieses Interpretationsschrittes werden mit einer sorgfältigen Textsortendifferenzierung (s. Kap. 2.2.2 u. 3.2.1) erfasst. Während in Kap. 3.2 beide Zwischenstufen der reflektierenden Interpretation (also die Textsortentrennung und die komparative Sequenzanalyse) noch getrennt dargestellt wurden, lassen sie sich in der Forschungspraxis kombinieren.

Es ist dabei zweckmäßig, bei längeren Interviewtexten die reflektierende Interpretation in aufeinander folgende Abschnitte einzuteilen. Die Frage, nach welchen Kriterien diese Einteilung erfolgen sollte, lässt sich m. E. nicht eindeutig beantworten. Einerseits wurde (von Ralf Bohnsack) vorgeschlagen, die einzelnen Abschnitte der reflektierenden Interpretation gemäß der – in der formulierenden Interpretation identifizierten – Unterthemen einzuteilen. Andererseits ist es auch praktikabel, sich (wie in den folgenden exemplarischen Interpretationen) an der Textsortentrennung zu orientieren und neue Abschnitte immer dort zu beginnen, wo der/die Interviewte nach einer Hintergrundkonstruktion wieder zum Vordergrund der Schilderung zurückkehrt.

Gesteiger, Z. 16–24

16–24   Beschreibung
Deutlich wird hier zum einen eine Veränderung hinsichtlich der Mitarbeit im Videokanal. Gab es zuvor eine große Fluktuation einer größeren Zahl von Menschen, so sind es heute nur zwei Personen, die dann aber sehr engagiert sind. Deutlich wird auch eine Differenzierung zwischen den zentral engagierten Personen (Frau Gesteiger und Holger) einerseits und solchen Personen, die sich zur Erledigung einzelner Aufgaben bereit erklären und somit – wie Frau Gesteiger dies nennt – „projektbezogen mitarbeiten". Hiervon unterscheiden sich noch einmal jene Mitarbeiter/innen, die eine Dependance in Österreich aufgemacht haben.

Gesteiger, Z. 161–176

161–163 Beschreibung
Frau Gesteiger verweist hier auf Gemeinsamkeiten zwischen Holger und ihr (wie im vorangegangenen, hier nicht abgedruckten Textabschnitt deutlich wurde, arbeitet sie ebenfalls so viel). Das starke Arbeitsengagement paart sich hier mit der Notwendigkeit, sich noch zusätzlich zu verdingen, und führt zur Überarbeitung, die aber von Frau Gesteiger nicht wirklich als Problem angesehen wird.

164–167 Sachfrage und rudimentäre Erzählung
Zwar richtet sich die Frage der Interviewerin auf einen feststehenden Sachverhalt und ist insofern nicht eben erzählanregend; gleichwohl schildert Frau Gesteiger hier in knappster Form einen zeitlichen Ablauf. Die Rekrutierung von Holger erfolgte nicht durch eine gezielte Suche, ein Vorgespräch oder irgendein formales Verfahren mit bestimmten Kriterien o.ä. Vielmehr wurde er geradezu unbemerkt zum Teammitglied. Hiermit ist auch zu erklären, dass Frau Gesteiger sich über den Zeitpunkt, zu dem er „fest dabei" war, nicht mehr im Klaren ist.

168–176 Immanente Nachfrage und rudimentäre Erzählung mit Hintergrundkonstruktion im Modus der Beschreibung (169–170)
Die Interviewerfrage greift die bereits zuvor erwähnten „anderen" Mitarbeiter/innen auf und stellt insofern eine immanente Nachfrage. Die Interviewte beginnt mit einer temporalisierten Antwort („am Anfang"), konkretisiert die Zahl der Teammitglieder und beschreibt in einer Hintergrundkonstruktion abstrahierend das subkulturelle Interesse der anderen. Diese Beschreibung bildet den Ausgangspunkt für die Weiterführung der Erzählung, in der deutlich wird, dass sich die beiden von Frau Gesteiger aufgrund eines Interessenkonfliktes getrennt haben. Hier geht es nun nicht mehr nur um die ideologische Ausrichtung des Videokanals, sondern zudem um dessen Wirtschaftlichkeit. Implizit dokumentiert sich in diesen Zeilen auch, dass Frau Gesteiger die bestimmende Kraft ist, deren Vorlieben hier undiskutiert die Richtung des Videokanals prägen können. Als Konsequenz hieraus bleibt sie dann allerdings alleine bzw. auf sporadische Mithilfe anderer angewiesen. Dies zeigt, dass Frau Gesteiger nicht nur die mangelnde Wirtschaftlichkeit in Kauf nimmt, sondern auch eine gewisse soziale Isolierung. Diese fand erst mit „Holgers" Eintritt ein Ende.

4.3 Reflektierende Interpretation

Gesteiger, Z. 380–388

380–388 Immanente Sachverhaltsfrage und Sachverhaltsdarstellung (Beschreibung) mit Hintergrundkonstruktionen im Modus der Beschreibung (382–384) und im Modus der Argumentation (385–388)

Die immanente Nachfrage, die methodisch gesehen nicht unbedingt günstig ist, erzeugt gleichwohl eine wichtige Sachverhaltsdarstellung. Denn Frau Gesteiger wird entgegen der Vermutung der Interviewerin nicht mit Holger, sondern einer jener ‚projektbezogen' arbeitenden Personen fahren. In der ersten Hintergrundkonstruktion werden dann Prinzipien von dessen Rekrutierung deutlich: Diese Person ist durch den Vater, der aufgrund seiner gewerkschaftlichen Gesinnung unter der chilenischen Diktatur leiden musste, für den Auftrag prädestiniert – wie Frau Gesteiger dann zusammenfasst. Dies begründet sie argumentativ mit dem Hinweis auf die Thematik des Filmes, in dem es um die Unterdrückung von Gewerkschaftlern durch inoffizielle militärische Truppen gehen soll. Es dokumentiert sich hierin, dass nicht die berufliche Qualifikation des Kameramannes, sondern die politische Gesinnung entscheidend für seine Auswahl ist. Dabei haftet diese politische Gesinnung ihm sozusagen an (ist also nicht erworben), insofern er ja nicht notwendiger Weise die Gesinnung seines Vaters teilt, diese aber dennoch einen „guten Hintergrund" für den Auftrag darstellt.

Gesteiger, Z. 466–478

466–473 Beschreibungsgenerierende immanente Nachfrage und Bewertung mit Hintergrundkonstruktion im Modus der Argumentation (468–469) und Hintergrundkonstruktion zur Hintergrundkonstruktion im Modus der detaillierenden Beschreibung (469–472) sowie im Modus der Bewertung (472–473), hierzu Hintergrundkonstruktion zur Hintergrundkonstruktion zur Hintergrundkonstruktion im Modus der Argumentation (473)

Die Frage ist, obwohl sie expressiv verbis zum „Erzählen" auffordert, beschreibungsgenerierend, da hier nicht der zeitliche Ablauf, sondern die Gesamtheit der „Zusammenarbeit" in den Blick („über") genommen wird. Die Güte der Zusammenarbeit erklärt Frau Gesteiger argumentativ mit der Komplementarität ihrer Arbeitsbereiche, die letztlich auf persönliche Unterschiede zurückzuführen sei. In der Hintergrundkonstruktion zweiten Grades beschreibt sie diese Komplementarität, in der zugleich deutlich wird, dass es wenig Kommunikation über den Arbeitsbereich des jeweils anderen gibt. Genau dieses Fehlen eines ‚Hineinredens' führt Frau Gesteiger denn auch als ein zentrales Argument für die Güte der Zusammenarbeit an. Im Unterschied zu ihrer Haltung gegenüber den in Z. 168–176 beschriebenen Mitarbeitern, ist Frau Gesteiger hier also (zunächst einmal) nicht so dominant, sondern überlässt Holger den Bereich des Internet. Zugleich ist aber auch deutlich, dass der Kernbereich des Videokanals, nämlich die Filmproduktion, in ihrer Hand bleibt. Und es zeigt sich, dass diese Komplementarität der Aufgaben weniger auf einer Verabredung basiert denn darauf, dass sie naturwüchsig so entstanden ist und sich in den unterschiedlichen Persönlichkeiten konstituiert hat.

473–474 Differenzierende Beschreibung durch Frau Gesteiger

Trotz der positiven Einschätzung ihrer Zusammenarbeit und der Betonung der Komplementarität berichtet Frau Gesteiger hier von der Beschwerde Holgers, sie sei „sehr dominant". Sie bestreitet dies, ohne dass es hier eine Auflösung des Konfliktes geben würde. Offenbar scheint dieses Dauerthema („immer") die Zusammenarbeit nicht zu gefährden. Dies mag auch an einer gewissen Selbstironie liegen, die sich im Lachen von Frau Gesteiger andeutet.

475–478 Bewertung und Hintergrundkonstruktion im Modus der Argumentation (475–478)

Die Konflikte sind auch deshalb nicht so relevant, weil sie nicht den Ertrag der Arbeit schmälern, der – wie Frau Gesteiger anhand der Zuschauerreaktionen deutlich macht – sehr groß ist. Es ist eine umfassende Zufriedenheit, die sich im letzten Satz „und dann ist es einfach (.) jeden Tag schön." dokumentiert. Denn dies bezieht sich ja nicht unbedingt nur auf die Arbeit, sondern greift weit über diese hinaus. Hier wird noch einmal deutlich, dass Frau Gesteiger weder bei der Rekrutierung von Mitarbeitern noch bei der Arbeit selbst, die sie ebenso wie Holger völlig extensiv und selbstausbeuterisch betreibt, eine Trennung zwischen Privatem und Beruflichem macht.

Gesteiger, Z. 512–518

512–518 Zukunftsbezogene Frage und Argumentation

Auf die – eher spekulative, auf die Zukunft gerichtete – Frage der Interviewerin antwortet Frau Gesteiger mit einer sehr aufschlussreichen Argumentation. In dieser erfährt man nicht nur etwas über die Art der Arbeiten, die durch Mitarbeiter zu erledigen wären, sondern auch über deren Qualität. Denn Frau Gesteiger orientiert sich nicht an der Zahl, sondern an der Qualität dieser Mitarbeiter. Dabei handelt es sich jedoch offenbar nicht um die professionelle Qualität, sondern eher um eine zunächst kaum zu beschreibende, ansonsten aber völlig unübertreffbare Qualität („richtig tollen Kameramann"). Im weiteren wird der Hintergrund dieser

4.3 Reflektierende Interpretation

Argumentation deutlich: Frau Gesteiger setzt nicht auf Mitarbeiterrekrutierung, sondern auf „Glücksfälle". Dies bedeutet aber, dass der Richtige weder Verhandlungs- noch Bildungssache ist, sondern ohne ein eigenes oder fremdes Dazutun einfach erscheinen wird. Hiermit ist zugleich die Grenze dieser Haltung deutlich: Selbst wenn es Bedarf für Mitarbeiter gibt, lassen sich diese nicht gezielt suchen, da weder die Kriterien der Suche explizit sind noch die Möglichkeit besteht, jemand auf diese Kriterien zu verpflichten.

Hintzer, Z. 463–520

463–475 Argumentationsfördernde Frage, Argumentation mit mehreren Hintergrundkonstruktionen im Modus der Beschreibung

Die Frage setzt, indem sie auf eine Diskrepanz in Frau Hintzers Schilderung hinweist, diese unter argumentativen Druck. In der Antwort dokumentiert sich, dass die formale Frage, wie jemand beschäftigt wird, für Frau Hintzer früher im Hintergrund gestanden hatte, während sie die Bedeutung der menschlichen Nähe, quasi verwandtschaftlich und freundschaftlich, hervorhebt. Erst nach einer langen Zeit wird auch das formale Beschäftigungsverhältnis zu einem Problem, und dies deshalb, weil sich Frau Hintzer in die Perspektive von Sylvia hineinversetzt, die wie „im luftleeren Raum" ist.

476–493 Immanente Nachfrage, abstrahierende Beschreibungen und weitere immanente Nachfragen

Auf die Entscheidungsfrage von Y hin antwortet Frau Hintzer, die zunächst angesichts möglicher Sanktionen zögert, in einer abstrahierenden Beschreibung. Es zeigt sich hier, dass Sylvia völlig losgelöst von dem Kernbereich des Unternehmens, sogar ohne jeden rechtlichen Status und nach Produktionsleistung („Stück(.)geld") bezahlt, arbeitet. Zugleich dokumentiert sich hier, dass Frau Hintzer nicht nur und nicht einmal so sehr die finanzielle Seite der Geschäftsführung für sich beansprucht, sondern vor allem das Produkt selbst, das ganz ihres sein muss: „das sind meine Puppen."

Auf die erneute, letztlich insistierende Nachfrage der Interviewerin hin antwortet Frau Hintzer wieder knapp und abschlägig. Daraufhin detailliert die Interviewerin ihre Nachfrage. Frau Hintzer geht auf diese Detaillierung nicht ein; sie begründet vielmehr die Nichtbeteiligung von Sylvia mit deren fehlenden Wollen und Können. Auf diese Weise verschleiert sie aber auch ihre eigene Haltung, die möglicher Weise ohnehin nicht zugelassen hätte, dass Sylvia sich weitergehend engagierte.

493–512 Bewertung mit Hintergrundkonstruktionen im Modus der abstrahierenden Beschreibung (494–496) und Hintergrundkonstruktion zur Hintergrundkonstruktion im Modus der Argumentation (496–498) und Hintergrundkonstruktion zur Hintergrundkonstruktion zur Hintergrundkonstruktion im Modus der abstrahierenden Beschreibung (498–508) und Hintergrundkonstruktion im Modus der abstrahierenden Beschreibung (508–510)[10]

In dieser Bewertung, die zu mehreren aneinander anknüpfenden und immer tiefer gehenden Hintergrundkonstruktionen führt, dokumentiert sich Frau Hintzers Orientierung an einer Mitarbeit, die keine eigenen Akzente setzt, sondern das Kreative ihr selbst überlässt. Zwar betont Frau Hintzer dann, dass sie prinzipiell nichts gegen Kreativität bei anderen hätte, schildert aber ihre dahingehenden negativen Erfahrungen. Es ist hier keine Frage der Technik – die beherrschen die früheren Mitarbeiterinnen genauso wie Sylvia –, sondern des Stils, den Frau Hintzer ausschließlich bei sich selbst anerkennt. Als Frage des Stils geht es hier auch nicht um rational begründbare Kriterien, sondern um einen Geschmack, der entsprechend körperlich („unerträglich") und psychisch („peinlich") verankert ist, aber auch mit der Außendarstellung von Frau Hintzer zu tun hat.

Dass es hier keineswegs mit Sicherheit darum geht, dass alle früheren Mitarbeiterinnen einfach keinen Geschmack hatten, wird in Frau Hintzers Schilderungen über Sylvia deutlich. Denn deren Pluspunkt ist, dass sie sich strikt an Frau Hintzers Vorgaben hält und keinerlei Kreativität zeigt. Die Puppen werden dadurch nicht zu Sylvias Produkten, sondern – da Frau Hintzer ihnen die sie zur Persönlichkeit machenden Augen erst noch annäht – zu einem Vorprodukt, dass dann die Handschrift der Entrepreneurin erhält. Diese Besitzergreifung („meine Puppen") steht im Zentrum von Frau Hintzers Orientierungen.

Zum Vergleich:[11] Auch Frau Gesteiger beharrt auf einer weitgehenden Exklusivität ihrer Führungsrolle im Unternehmen (zumindest gegenüber früheren

---

10 So aufschlussreich die präzise Textsortentrennung für die Rekonstruktion von verschachtelten Erzähl- und Sinnstrukturen sein kann, so aufwendig kann sie werden. Die Forschenden müssen hier selbst entscheiden, bei welchem Detaillierungsgrad die Textsortentrennung nicht mehr durch ihren interpretativen Ertrag gerechtfertigt erscheint. Unabdingbar ist es aber festzustellen, ob die Schilderung im Vordergrund durch eine Erzählung oder aber durch andere Textsorten strukturiert wird.

11 Im Zuge der reflektierenden Interpretation unterschiedlicher Fälle ist es sinnvoll, derartige, auf spezifische Themen und Problemstellungen bezogene Vergleiche vorzunehmen und zu explizieren. Auf diese Weise wird, je mehr Fälle ausgewertet wurden, die Vergleichsbasis immer breiter und die Aussagekraft höher.

Mitarbeitern), doch ist sie weniger an der Ästhetik des einzelnen Produktes (der Videofilme) orientiert, sondern bettet diese in eine ästhetisch-politische Grundhaltung ein, die sie auch zur Voraussetzung für die Mitarbeit anderer macht. Und hier unterscheidet sich Frau Gesteiger dann wieder von Frau Hintzer. Bei Frau Hintzer wird letztlich deutlich, dass nur sie über den ästhetischen Geschmack verfügt, der die Schönheit ihrer Puppen ausmacht. Frau Gesteiger geht – auch insofern es sich ja um eine politästhetische Haltung handelt – davon aus, dass prinzipiell viele Menschen diese Haltung einnehmen können.

511–520 Argumentation
In ihrer Argumentation steht weiterhin auch der bürokratische Aufwand einer eher kooperativen Zusammenarbeit, den Sylvia nicht bewältigen würde und wollte, im Vordergrund. Frau Hintzer erweckt damit den Anschein, als würde sie gerne Sylvia als Partnerin haben wollen, aber aufgrund der antizipierten Schwierigkeiten dann doch „in diesen sauren Apfel" der Anstellung beißen.

Reichmann, Z. 166–195

166–178 Beschreibung und Bewertung (173) mit Hintergrundkonstruktion
im Modus der Argumentation (174–178)
In der Beschreibung seiner eigenen Arbeitserfahrung und derjenigen von „Missi" dokumentiert sich, dass Herr Reichmann (und seine Existenzgründung) an einem Wissenserwerb orientiert ist, der nicht formalisiert, sondern über das Mitarbeiten in der Firma vonstattengeht. Aus diesem Grunde steht und fällt die Verantwortung, die jemand in der Firma übernehmen kann, mit der Dauer seiner Firmenzugehörigkeit. Diese Orientierung am Wissenserwerb durch Zugehörigkeit zum Betrieb und insofern durch informelles Lernen ist Herrn Reichmann mit Frau Hintzer gemeinsam. Demgegenüber – so lässt sich weitergehend vergleichen – steht bei Frau Gesteiger das Wissen, das für die Firma eingesetzt wird, gar nicht im Vordergrund, sondern vielmehr die Gesinnung.

Für „Missi" gilt hier, dass sie – wie Herr Reichmann selbst – die Firma „allein zu führen" fähig ist. Hierin dokumentiert sich ein zweiter Unterschied gegenüber den bislang interpretierten Textstellen in den anderen Interviews: Weder Frau Gesteiger noch Frau Hintzer maßen ihren Mitarbeiter(inne)n die Fähigkeit zu, das Unternehmen zeitweise alleine zu führen. Allerdings sind die Gründe hierfür unterschiedlich: Während Frau Hintzer ohnehin der Mitarbeiterin nur eine zuarbeitende Funktion zugesteht, sind bei Frau Gesteiger die Tätigkeitsfelder innerhalb des Teams klar voneinander getrennt und komplementär, sodass der eine nicht die Aufgaben des anderen übernehmen könnte. Herr Reichmann ist demgegenüber an einer Kooperation interessiert, innerhalb derer die Kerntätigkeiten im Unternehmen für ihn und zumindest noch für Missi identisch sind.

In der anschließenden Bewertung hebt Herr Reichmann nun hervor, dass es für ihn wichtig ist, die Verantwortung zeitweise auch in andere Hände geben zu können. Während Herr Reichmann – wie sich in der argumentativen Hintergrundkonstruktion zeigt – es als „belastend" sieht, wäre er der alleinige, unersetzbare Leiter des Unternehmens, orientieren sich Frau Hintzer und Frau Gesteiger in ihren argumentativen Stellungnahmen zu den Gründen ihrer Haltung zu Mitarbeitern an ihrer ästhetischen bzw. politisch-ästhetischen exklusiven Führungsrolle im Unternehmen.

178–195   Beschreibung
Herr Reichmann unterscheidet hier zunächst einmal wieder nach der Betriebserfahrung. Doch auch für die Neuen und Teilzeitbeschäftigten ist klar, dass sie die Kerntätigkeiten des Unternehmens auf lange Sicht selbständig erledigen können. Dies hat einerseits damit zu tun, dass sie angelernt werden und man versucht, ihnen etwas „mitzugeben". Es ist hier also auf Seiten von Herrn Reichmann eine Orientierung an der Weitergabe des Wissens zu sehen, die es so weitgehend weder bei Frau Hintzer noch bei Frau Gesteiger – hier überhaupt nicht – gibt. Andererseits dokumentiert sich hier, dass das Wissen, das zur Erledigung der Kerntätigkeiten notwendig ist, auch erlernbar ist, insofern es sich um immer wieder kehrende „Abläufe" und ‚Standards' handelt. Auch dies unterscheidet Herrn Reichmann (und sein Unternehmen) von den anderen: Zwar ist die Technik des Puppenbauens offenbar erlernbar, der letzte ästhetische Schliff, die Kreativität beim Bauen jedoch nicht. Und bei Frau Gesteiger geht es – wie bereits geschildert – überhaupt nicht um Wissenserwerb.

Auch die ‚Krönung' des innerbetrieblichen Wissenserwerbs, die Auswahl der Orte einer Tournee, ist prinzipiell durch viel Erfahrung zu erlernen. Zugleich wird hier besonders deutlich, dass das Wissen, das hier zur Anwendung kommt, weitgehend informell und auch nicht in formalisierten Lernsettings zu erwerben ist.

Reichmann, Z. 295–333

295–306   Immanente, in ihrer Erzählgenerierung abgebrochene
          Fragestellung und Beschreibung
Die Interviewerin kann ihre Frage, die offenbar erzählgenerierend geworden wäre („wie hat sich das–?") gar nicht zu Ende bringen und schon schildert Herr Reichmann ein „Beispiel". Allerdings handelt es sich hier nicht im engeren Sinne um ein Beispiel für jene Mitarbeiter, die Kerntätigkeiten übernehmen, ist doch der „Stu-

dent" vor allem mit Grafikarbeiten befasst. Gleichwohl dokumentiert sich in dieser Beschreibung, wie Mitarbeiter angelernt werden und welche Voraussetzungen sie mitbringen: Der Beginn der Mitarbeit ist weitgehend informell („setz dich mal hier hin") und unbezahlt. Die Fortführung der Mitarbeit beruht vor allem auf dem Engagement des Mitarbeiters, der sich „reinge(.)arschküsst" hat, was Herr Reichmann nachher mit dem Hinweis auf seine „aktive" Haltung relativiert. Vor allem aber ist dieser junge Mann auch außerhalb der Firma in dem Bereich engagiert und macht „n online fanzine", d. h. ein Fanmagazin im Internet. Hier deutet sich eine Gemeinsamkeit mit Frau Gesteigers Mitarbeiterrekrutierung an, die später noch klarer werden wird. Die Mitarbeit ist nicht vom restlichen (privaten) Leben des Mitarbeiters isoliert.

306–313   Bewertung mit Hintergrundkonstruktion im Modus der Argumentation (307–313)

In dieser Bewertung hebt Herr Reichmann einen Aspekt der Kooperation hervor, der zuvor nicht so deutlich war: Die Nähe innerhalb der Firma („dichter dran") ermöglicht in seinen Augen auch eine engere Kooperation mit besserer Zuverlässigkeit. Diese Nähe ist aber offenbar nicht als eine Möglichkeit zur Kontrolle der Mitarbeiter zu verstehen, sondern als eine Quelle der Motivation. Nur so ist erklärlich, dass Herr Reichmann unmittelbar im Anschluss auf den Widerspruch hinweist, der zwischen einer auf Befehl und Gehorsam beruhenden Mitarbeit und der schlechten Bezahlung bestehen würde.

313–316   Beschreibung

In dieser Beschreibung der Mitarbeiter wird deren Hintergrund nun deutlicher: Es kommt – hierin der Orientierung von Frau Gesteiger homolog – Herrn Reichmann auf den Zusammenhang von Mitarbeit und Privatleben und insofern auf die Gesamthaltung der Mitarbeiter an. Diese benötigen auch außerhalb und vor ihrer Mitarbeit einen Bezug zur Kerntätigkeit. Sie sind „Szenemenschen", beschäftigen sich also auch privat viel mit Musik. Hinzu kommt, dass sie in diesem Bereich auch schon vorher und ohne Anstellung/ Bezahlung engagiert waren („Sachen gemacht ham"). Es ist also – ähnlich wie bei Frau Gesteiger – der soziale und biographische Hintergrund, der die Mitarbeit ermöglicht. Im Unterschied zu Frau Gesteiger ist Herr Reichmann aber darüber hinaus am Erwerb von Wissen innerhalb des Betriebs orientiert.

316–333 Bewertung mit Hintergrundkonstruktion im Modus
der Beschreibung (322–326)
In der Bewertung macht Herr Reichmann die oben herausgearbeiteten Kriterien nun auch explizit zu seinem Rekrutierungsprinzip. In einer Hintergrundkonstruktion beschreibt er das Beispiel einer „Auszubildenden", die genau dieses Engagement schon vor ihrer Anstellung gezeigt habe und dabei – so zeigt sich hier – letztlich die Kerntätigkeit der Firma „auf eigene Faust" erledigt hat. Dies wird von Herrn Reichmann zugleich auch wieder abgewertet, insofern es eine unorganisierte Privatinitiative war („alleine so n bisschen rumnuckelt"). Doch geht es ihm hier vielmehr um die ganzen informellen Lernprozesse, die sich im Zuge eines solchen Engagements ergeben: Die internet- und telefongestützte Kommunikation sowie das Durchhaltevermögen, die „entscheidende Geschichten" sind. Auch hierin dokumentiert sich wieder ein Unterschied zu Frau Gesteiger. Zwar sind beide daran orientiert, Mitarbeiter/innen mit einem bestimmten biographischen und sozialen Hintergrund zu beschäftigen, doch geht es Frau Gesteiger dabei nicht um die Lernprozesse, die dieser Hintergrund ermöglicht hat, sondern um die (politische) Einstellung.

4.4 Bildung sinngenetischer Typen

Zur Erinnerung: In der sinngenetischen Typenbildung geht es darum, die in einem Fall rekonstruierten Orientierungsrahmen zu *abstrahieren* und mit den Orientierungsrahmen anderer Fälle typisierend zu kontrastieren. „Für diese Abstraktion des Orientierungsrahmens ist die fallübergreifende komparative Analyse von zentraler Bedeutung, weil zum einen von der je fallspezifischen Besonderheit abstrahiert werden und zum anderen die Standortgebundenheit der Forscherin einer methodischen Kontrolle unterliegen muss. Erst die Nutzung von empirisch beobachtbaren und überprüfbaren Vergleichshorizonten erlaubt die Generierung von Typen mit einem relativ hohem Abstraktionspotential" (Nentwig-Gesemann 2013, S. 312).

Neben den in Abschn. 4.1 abgedruckten Transkriptausschnitten wurden ursprünglich weitere drei Interviews in die komparative Analyse einbezogen. Doch bereits anhand der drei abgedruckten Interviews lässt sich zeigen, wie sinngenetische Typen entwickelt werden können.[12]

---

12 Wie sich eine sinngenetische Typenbildung mitsamt den dazugehörigen Transkripten im Rahmen einer Publikation darstellen lässt, kann am Beispiel der vorliegenden Untersuchung nachvollzogen werden. Siehe dazu Nohl und Schondelmayer 2006. Eine

4.4 Bildung sinngenetischer Typen

Im Datenmaterial kann zwischen zwei typischen Grundhaltungen gegenüber Mitarbeiter(inne)n unterschieden werden. Zum einen handelt es sich um eine kooperative Grundhaltung zu Mitarbeiter(inne)n, zum anderen werden Mitarbeiter/innen als zuarbeitende Hilfskräfte gesehen:

Kooperation: Eine kooperative Haltung zu Mitarbeiter(inne)n wird insbesondere bei Frau Gesteiger und Herrn Reichmann deutlich. Die Kooperation setzt ein bestimmtes Maß an Offenheit voraus. Die Gestaltung und Entwicklung des Unternehmens ist in diesem Fall nicht alleinige Entscheidung des Gründers/der Gründerin, sondern kann auch in der Zusammenarbeit mit anderen Personen entstehen. Eine Kooperation mit Mitarbeiter(inne)n führt zu einer gewissen Entlastung in Arbeitsbereichen bzw. in der Verantwortung für das Unternehmen.

Zuarbeit: Die Haltung der reinen Zuarbeit überlässt demgegenüber die alleinige Entscheidungskraft dem/der Gründer/in und schränkt einen Eingriff von Mitarbeiter(inne)n in das Unternehmen drastisch ein. Mitarbeiter/innen werden als Hilfskräfte verstanden und dienen dazu, die eigene Unternehmensidee zu verfolgen. Dies wird vor allem bei Frau Hintzer deutlich; doch auch Frau Gesteiger orientiert sich in Bezug auf bestimmte Mitarbeiter (alle außer Folger) an einer zuarbeitenden Funktion.

Dass die Orientierungsrahmen der jeweiligen Fälle hierzu zu den beiden Typen „Haltung der Kooperation" und „Haltung der Zuarbeit" *abstrahiert* wurden, lässt sich schon daran erkennen, dass nicht alle Aspekte des fallspezifischen Orientierungsrahmens in den Typus aufgenommen wurden. Im Typus der „Haltung der Kooperation" kann man beispielsweise erkennen, dass Frau Gesteiger eher an einer Kooperation auf der Basis geteilter Weltanschauung und einer Komplementarität der Tätigkeiten orientiert ist, während Herr Reichmann auf der Basis von erlerntem Wissen und identischer Kerntätigkeit kooperiert. Sollte man neben den Genannten weitere Fälle finden, in denen sich diese unterschiedlichen Kooperationsformen zeigen, kann man wieder den ursprünglich fallspezifischen Orientierungsrahmen (der sich etwa bei Reichmann dokumentiert) zu einem Untertypus des Typus Kooperation abstrahieren.

Die Frage, mit welchen sozialen Zusammenhängen die hier sinngenetisch typisierten Orientierungsrahmen in Verbindung stehen, ist eine Frage nach der Soziogenese dieser Orientierungsrahmen. Sie kann im Rahmen der sinngenetischen Typenbildung nicht beantwortet werden. Im folgenden Kapitel jedoch wird die dokumentarische Interpretation von Interviews an einem zweiten Forschungsbeispiel bis hin zur soziogenetischen Typenbildung vorangetrieben.

---

weitere lehrbuchartige Darstellung von der reflektierenden Interpretation bis zur sinngenetischen Typenbildung findet sich in Nohl 2013, S. 63-90.

5 Die Praxis der dokumentarischen Interpretation von biographischen Interviews: Ein Beispiel von der reflektierenden Interpretation bis zur soziogenetischen Typenbildung und Generalisierung

Wie man biographische Interviews dokumentarisch interpretieren kann, soll in diesem Kapitel anhand einer weiteren empirischen Untersuchung praktisch gezeigt werden. Um etwas andere Akzente zu setzen als im vorangegangenen Kapitel, beginne ich – nach dem Abdruck der Transkriptabschnitte (5.1) – meine Darstellung der Analyseschritte sogleich mit der reflektierenden Interpretation (5.2), fahre mit der sinngenetischen Typenbildung fort (5.3), komme dann zur soziogenetischen Typenbildung (5.4), um schließlich Fragen der Generalisierbarkeit zu erörtern (5.5).

Das Forschungsbeispiel stammt aus einer Studie, in der es mir unter anderem darum ging, solche (biographischen) Bildungsprozesse empirisch zu rekonstruieren, die nicht aus reflektiertem oder routinisierten, sondern aus spontanem Handeln hervorgehen (vgl. Nohl 2006). Unter Bildung soll hier – in Anlehnung an Winfried Marotzki (1990) – eine Transformation von Orientierungsrahmen verstanden werden, wie sie sich etwa in der Prozessstruktur der „Wandlung" (Schütze 1984, S. 92) widerspiegelt (siehe dazu Kap. 2.2.5). Demgegenüber wird Lernen in dieser Studie als Wissens- und Erfahrungserwerb innerhalb eines stabilen Orientierungsrahmens definiert. Ob die befragten Personen nun tatsächlich Bildungsprozesse durchlaufen und diese spontan begonnen haben, konnte erst als Ergebnis der Analyse festgestellt werden. Daher habe ich auch viele Interviews geführt, die sich später, da die Interviewten keine spontanen Bildungsprozesse durchlaufen hatten, als für meine Untersuchung wertlos erwiesen. Ziel der empirischen Analyse war es, die Phasen derartiger Bildungsprozesse ebenso in Form von Typen herauszuarbeiten wie die lebensalterspezifischen Differenzierungen dieser Phasen. Die Untersuchung war insofern *mehrdimensional* angelegt: Sie zielte auf die Dimension der Phasentypik wie auch auf die Dimension der Lebensalterstypik. Hinzu kam eine weitere Typik, jene der Schulabschlüsse, die sich allerdings nur in Ansätzen zeigen ließ.

Da diese Untersuchung darauf angelegt war, biographisch situierte Bildungsprozesse zu rekonstruieren, konnte zur Identifizierung der zu transkribierenden Interviewabschnitte auf thematische Verläufe nicht so ohne weiteres zurückgegriffen werden. Denn die Interviews sollten nicht bezüglich bestimmter Themen (bspw. Schule, Beruf, Freundschaften etc.) miteinander verglichen werden, sondern im Hinblick auf die spontanen Bildungsprozesse, die zu höchst unterschiedlichen Zeitpunkten und Anlässen in der Biographie beginnen konnten. Die Auswahl der Interviews und Interviewabschnitte erfolgte daher stärker fallorientiert als bei den leitfadengestützten Interviews (s. Kap. 4): Zunächst wurden zwei, drei Fälle miteinander verglichen, bis sich allmählich typische Gemeinsamkeiten hinsichtlich der Bildungsprozesse herauskristallisierten, die dann im vierten, fünften und allen anderen Fällen in fokussierter Weise weiter ausgearbeitet werden konnten. Aus diesem Grund waren für die ersten Fälle eine Totaltranskription und eine vollständige – gleichwohl vergleichend angelegte – Interpretation notwendig. Erst bei allen weiteren Fällen konnten die zu transkribierenden und zu interpretierenden Interviewabschnitte selektiver, nämlich unter Berücksichtigung der sich abzeichnenden typischen Komponenten der Bildungsprozesse, für die komparative Analyse herangezogen werden.

Sowohl eine Phasentypik als auch eine Lebensalterstypik aus biographischen Interviews herauszuarbeiten, stellt gewisse Anforderungen an die Samplebildung. Um die Phasentypik auf einem höheren Abstraktionsniveau zu entwickeln, mussten sehr unterschiedliche Personen interviewt werden. Damit diese Unterschiede möglichst valide mit dem Lebensalter in Zusammenhang zu bringen waren, sollten die zu interviewenden Personen jedoch nicht wahllos, sondern gezielt nach einer gewissen Streuung der Lebensalter ausgewählt werden. Dabei ist auch darauf zu achten, dass Spezifika des Bildungsprozesses nicht mit anderen Erfahrungsräumen (etwa des sozialen Geschlechts) zusammenhängen. Letztlich habe ich daher neun Interviews ausgewählt, von denen je drei Interviews mit Personen im Alter von ca. 20 Jahren, im Alter von ca. 35 Jahren und im Alter von ca. 65 Jahren geführt wurden. Diese Vergleichsfallbildung sollte es mir erlauben, *typische Unterschiede* zwischen den Befragten und zugleich ihre typischen, nämlich für die Phasen *typischen Gemeinsamkeiten* zu erkennen (s. Abb. 5.1).

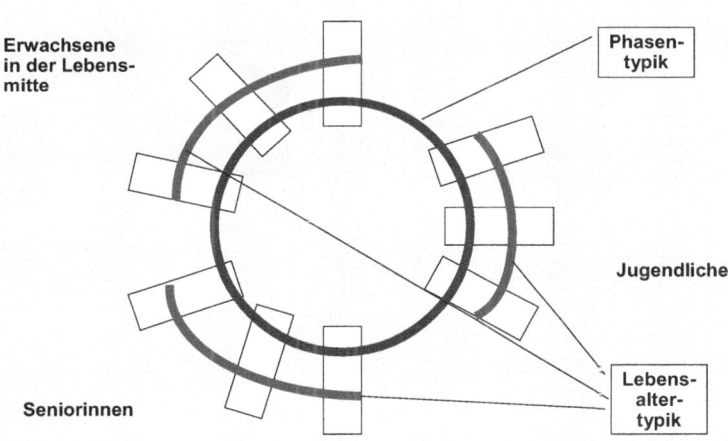

Abb. 5.1 Samplebildung zur Entwicklung zweier Typiken

Folgende Phasen ließen sich als übergreifende Gemeinsamkeit der Fälle typifizieren: In einer Phase ersten spontanen Handelns beginnt der Bildungsprozess. Dieses spontane Handeln wird dann in Phasen der unspezifischen Reflexion und des Erkundens und Lernens sowie einer Phase erster gesellschaftlicher Bewährung gefestigt. Eine besondere Dynamik erhält das Bildungsgeschehen in einer Phase zweiten spontanen Handelns, das sich dann in einer anschließenden Phase nochmals in der Gesellschaft bewährt. Abgeschlossen und stabilisiert wird der Bildungsprozess mit einer biographischen Selbstreflexion.

In diesem Kapitel kann selbstverständlich nicht die gesamte Typologie von der reflektierenden Interpretation an dargestellt werden. Die Erläuterung und praktische Darstellung der Analyseschritte muss ich vielmehr auf einen kleinen Ausschnitt aus der Phasentypik begrenzen: auf die ersten drei von sieben Phasen des Bildungsprozesses. In Abb. 5.2 ist jedoch der gesamte empirisch rekonstruierte Phasenverlauf des Bildungsprozesses abgebildet.

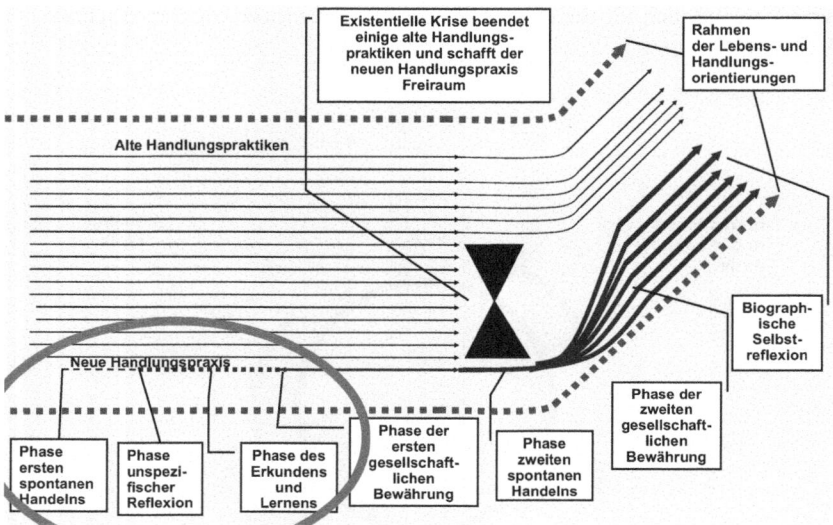

Abb. 5.2 Typik der Bildungsphasen

5.1 Die ausgewählten Interviewabschnitte

Die praktischen Schritte der Interviewinterpretation lassen sich in diesem Buch weder über die gesamte Typologie hinweg zeigen, noch anhand aller neun Fälle. Ich habe daher drei Fälle, je einen aus jedem Lebensalter, ausgewählt, anhand derer ich die reflektierende Interpretation und Typenbildung vorstelle. Mit Ausnahme des ersten Interviews (mit Bernd, einem Jugendlichen) stammen alle gewählten Transkriptabschnitte aus der biographischen Anfangserzählung der Interviewten. Die drei Transkriptabschnitte umfassen jeweils jene biographischen Erzählungen, aus denen heraus sich die ersten drei Phasen des Bildungsprozesses rekonstruieren und typisieren lassen.

5.1 Die ausgewählten Interviewabschnitte

Narratives Interview mit Bernd, (Zeile 1212-1264)

1212	Y:	Naja oder- wie- und äh vorhin hast du das so angeschl- äh=äh sprochen
1213		irgendwann ging es ja dann auch mit der Musik los also das (war) das denn in
1214		Bezug auf die Freundin oder wie war das so mit der- hing des da dann a- auch so
1215		irgendwie damit zusammen? °damit°
1216	Am:	Na ich war ha- angefangen hats damit dass ich im Zeltlager war mh vom Senat
1217		her (.) (Wendisch Nienhof) und das isn Zeltlager da hat- die ham dort halt oben
1218		das Zeltlager und unten is dann n festes Gebäude //Mmh// wo son grosser Saal is
1219		und wo dann auch Veranstaltungen gemacht wird Disco und sowas //Mmh// und
1220		unten im Keller gabs ooch (Probe)räume oder b- einen Proberaum. und da stand
1221		n Schlagzeug ((klopft auf den Tisch)) (.) Gitarre und Bass un dann wurden
1222		einfach irgendwelche Leute ausm Zeltlager=gegriffen und die sollten sich jetz da
1223		ransetzen.
1224	Y:	((schnauft))
1225	Am:	Und son Jazzer n Berliner Jazzer der hat dort halt dann die Musikgruppe
1226		angeführt sozusagen (.) Und dann hat er hat er mich an den Bass- äh an die
1227		Gitarre gesetzt. //@(.)@// Einfach so. Und denn hab ich halt da rumgeklimpert
1228		((nuschelnd:)) un hat=er=mich=hab=ich die Begeisterung dafür gefunden (.) und
1229		bin auch ganz ä also recht schnell vorangekommen da das hat er oooch selber
1230		gemerkt hat ooch sehr viel mit mir gemacht ich hab dann eigentlich nur noch
1231		täglich im Proberaum rumgehangen //@(.)@// @un hab@ Musik gemacht hab
1232		dann oooch gesungen=und wir ham dann auf ner Veranstaltung son kleines
1233		Konzert ((atmet tief)) da hab ich ä nachgespielt dann=n ((schnauft)) ( )
1234		kennste das un das hab ich dann=da hab ich Gitarre gespielt und er hat
1235		Schlagzeug gespielt @(.)@ die Aufnahmen existieren=noch irgendwo auf
1236		Videoband ich weess nich wo das das muss total zum Totlachen sein äh Und als
1237		wer wieder nach Berlin jekommen sind meine Eltern mich vom Bus geholt ham
1238		is er zu meinen Eltern=un hat gesagt die solln mich auf die Musikschule schic-
1239		ken weil=ich Talent hab. //Mmh// So hat es halt angefangen. n=Dann hab
1240		ich ne Gitarre jekriegt n Verstärker und bin auf die Musikschule Kreuzberg
1241		gekommen @(.)@ einfach so und dann na=hab ich das ooch d- voll
1242		durchgezogen also=es mir hats total Spass gemacht. Ich hab och noch alte
1243		Aufnahmen zuhause auf Kassette und da is ein Rumgeklimpere drauf des is w-
1244		also das is so richtig krass so richtig- weil ich nich sehr viel rumprobiert habe
1245		((lebhaft:)) das hört sich /°Mmh// überhaupt nich harmonisch an und schief und
1246		krumm aber halt ich hab rumprobiert mit Tönen und- un hier und da un alles
1247		aufgezeichnet da bin ich noch ganz froh det ich die Aufzeichnungen noch hab. Is
1248		immer lustig (.) denn reinzuhörn. Dann hab ich mich halt voll reingehängen (.)
1249		und die Musikschule da gemacht (.) täglich Gitarre gespielt anstatt für die Schule
1250		zu üben meine Mutter war denn noch das- det war ihr och irgendwo nich so
1251		recht meine Eltern souncso nich aber ich habs halt durchgezogen hab dann
1252		meine Band gefunden die=erste Band (.) dann=no ACDC nachgespielt das
1253		waren so die Anfänge mit diesem Michael Dippert da (nee) der=der is hier nich
1254		°mehr den wirst- den kennst du sicher nich° (:) war so der Schlagzeuger und (s)
1255		war noch Rudow hinten da ham wir son Proberaum gehabt (.) äh (.) ja mit dem
1256		ACDC nachgespielt un dann nach und nach ham sich die Leute so gefunden auf
1257		ner riesigen Schlägerei vorne Wutzkiallee wo ich natürlich wieder als b-
1258		Mitläufer mit sein musste (.) äh da gings um Türken aus Kreuzberg die
1259		wollten irgendwie komme und (S)tress machen und da hab ich dann n andern
1260		Typen kennengelernt von Lipschitzallee n Gerry heisst er ooch n anderer
1261		Gitarrist un mit dem hab ich mich getroffen denn ham wer Songs gemacht und
1262		der hat noch n Sänger mitgebracht oder der hat- hat noch nie gesungen der Typ
1263		aber der hat das Mikro genommen un hat da ringebrüllt un=dann ham wer halt
1264		die Band Conspirator gegründet

Narratives Interview mit Hubert Schlosser, (Zeile 1-52)

```
 1   Y:    Ja ich möchte Sie zu Beginn des Interviews bitten, mir ihre Lebensgeschichte (.)
 2         zu erzählen. Von Anfang bis heute. (3)
 3   Sm:   Naja, is ja schommal dann (1) en guter Einstieg (.) okay. Also geboren bin ich
 4         1968, in Singen, das ist die Stadt am Bodensee, is ne Kleinstadt, fünfzich
 5         tausend Einwohner, ähm (.) da hab ich dann, wie gesagt, bis achtze:hn (.)
 6         achtzehneinhalb Jahrn gelebt, bin dann nach nach Ulm gezogen, war dort acht
 7         Jahre und hab dann von (.) oder bin jetz hier seit sieben Jahrn. Also is jetz
 8         //mmh// einfach nur mal son Grobüberblick //mmh// die drei Stationen in
 9         meinem Leben, ne, //mmh// ämm jetz Lebensgeschichte, ich hab zwei
10         Geschwister, mit denen ich (.) mit einer Schwester nen relativ guten Kontakt hab
11         mit den andren nich, meine Eltern würd ich irgendwie (.) is jetz auch nich so
12         überragend der Kontakt aber (.) is auch in Ordnung wir sehn uns ein zwei mal im
13         Jahr, und jetz bin ich eben wie gesagt seit 8 Jahren hier in Köln, sieben acht
14         Jahrn, (.) und (.) bin (.) jetzt seit anderthalb oder zwei Jahrn emm mit der äh
15         Existenzgründung oder Aufbau auch beschäftigt, und ich weiß jetz grad nich so
16         genau wo jetz son bisschen der Schwerpunkt is.
17   Y:    Mmh
18   Sm:   Also soll ich jetz eher nochmal von früher erzählen oder //mmh// man kann ja
19         auch anfangen //mmh// jetz grad über Existenzaufbau //mmh// und kann dann
20         nochmal zurückgehen //mmh// vielleicht zu den Anfängen,
21   Y:    Vielleicht fangen Sie lieber an noch mit (.) Ihrer Lebensgeschichte. Also Sie
22         haben ja eben erzählt dass Sie haben gesagt dass Sie in Singen,
23   Sm:   mmh (.)
24   Y:    geboren worden sind und vielleicht (.) können Sie da (.) nochmal (.) anknüpfen
25         @(.)@ (3) nochmal ein wenig ausführlicher erzählen (.) mmh Ihre ersten
26         Lebensjahre, (.) bis eben zu dem heutigen Datum. Dann irgendwann kommen
27         wir dann ja auf die Existenzgründung dann (.) von selbst //mmh// zu sprechen.
28         (4)
29   Sm:   Ich w- also spontan fällt mir vielleicht wenn das jetz noch mal grad so n
30         bisschen so Anfangs- em Stolpersteine, ich würde glaub ich mal sorum
31         anfangen, eh wie das überhaupt kam dass ich jetz heute an dieser Stelle stehe,
32         //mmh// dass ich mit Existenz- äh gründung da gemacht hab, //mmh// wobei
33         (.) die Bereiche vermischen sich ja auch //mmh// ne, so und ich denk dann führt
34         halt ne //mmh// ein Schritt zum anderen und dann kommen wir ja schon wieder
35         irgendwann mal so da hin auch //mmh//. Genau. Fangen wer doch einfach mal
36         //mmh// so an. Also (.) angefangen hat das ganze einfach so dass ich vor zehn
37         Jahren in Ulm ne Samba-Percussion-Gruppe gesehen habe, //mmh// ne, und ehm
38         ich einfach gewusst hab, so das will ich auch. Ne, das hat einfach ganz gut
39         reingeknallt, //mmh// und das hat mich sofort ergriffen oder wie auch immer,
40         und keine (.) zwei Wochen später hab ich da einfach selber mit (.) Unterricht
41         angefangen, //mmh// also das war ne Percussion-Gruppe aus München, und dann
42         hab ich aber sofort Anschluss gefunden an die Percussion-Gruppe eben in Ulm,
43         ne //mmh// und dann hat das so ganz klein angefangen, dass ich halt einmal die
44         Woche Unterricht genommen hab, und //mmh// da mitgespielt hab, //mmh// war mir
45         das bald zu wenig, dann hab ich angefangen noch Konga-Unterricht zu nehmen,
46         und dann war ich also schon zweimal die Woche, hab ich dann irgendwie
47         Unterricht genommen, dann kamen Auftritte mit dazu, und so dann halt im
48         Laufe der Jahre ist das halt immer mehr geworden, also dann einmal die Woche
49         und einmal die Woche Konga, //mmh// das war mir dann auch zu wenig, dann
50         bin ich noch in ne zweite Samba-Gruppe reingegangen, //mmh// und so hat sich
51         das einfach im Laufe der Jahre wiederhol ich mich jetz schon wieder, einfach
52         gestapelt, oder is mehr geworden, …
```

5.1 Die ausgewählten Interviewabschnitte

Narratives Interview mit Frau Brandt, (Zeile 318-462)

318	Brandt:	[zuvor erzählt sie davon, wie ihr DDR-Betrieb, in dem sie Managerin war,
319		abgewickelt wurde] .... (.) ich war dann inzwischen
320		sechsundfünfzig; ich kann jetzt nich mehr ganz neu was anderes anfangen und
321		das will ich auch gar nich mehr. //mhm// bin dann in den Vorruhestand
322		gegangen; des war also ne ganz gute (.) Regelung die man uns gegeben hat; also
323		die jedenfalls die eben vor sofort bereit warn es zu tun; //mmh// und jetzt nich in
324		die Arbeitslosigkeit zu gehen und zu kämpfen und zum Arbeitsamt zu rennen;
325		sondern wenn man sagte also gut ich mach das dann konnte man eine (.) sozial
326		verträgliche Vereinbarung mit dem abzuwickelnden Betrieb //mmh// erreichen.
327		//mmh// und des hab ich dann gemacht; abgesehen davon dass ich selber auch
328		die äh die Au- die Auflage hatte natürlich meine Mitarbeiter zu reduzieren;
329		vorher bevor ich ging musste ich ja hier aller erst mal irgendwie //mmh//
330		wegschaffen so weit wie möglich; und äh man fängt natürlich mit denen an die
331		also über fünfzig sind; also ihnen zu erklären dass sie eigentlich (.) och mal
332		Ruhe verdient haben und so weiter; also es möglichst ihnen nett und
333		schmackhaft beizubringen; (.) //mmh// und (1) da kam natürlich immer sofort die
334		Frage ja und du, also wenn jetzt gesagt hätte na ich nich; ich will nur euch
335		abwickeln mich nich; das wäre also unglaubwürdig gewesen; weil ich immer
336		alles was ich gemacht habe, das habe ich mit meiner ganzen Person gemacht und
337		ich wollte immer glaubwürdig bleiben und das war für mich dann ne
338		Konsequenz es zu tun. ja dann bin ich natürlich in ein Loch gefallen. //mhm// das
339		is auch logisch. //mhm// (1) und nicht dass ich nichts mit meiner Freizeit hätte
340		anfangen können; ich war immer hab immer gerne gelesen //mhm// und hab
341		soviel Bücher die die ich heute noch nich gelesen habe; also (.) wir haben ein
342		Grundstück; das hatten wir uns schon (.) zum Zeitpunkt als unser drittes Kind
343		geboren wurde; ham wir uns denn sechzig Kilometer von Berlin entfernt;
344		//mhm// südlich; ein damals hieß es Pacht-Land äh angeeignet; haben dann da
345		ein Häuschen gebaut (.) und wir haben das äh; (.) sagen wir 93/94 äh kaufen
346		müssen aber wir habens auch ganz gerne gemacht; nich, //mhm// wir mussten
347		dann zwar n Baukredit dafür aufnehmen das Geld war ja nie da; (wissen se) bei
348		drei Kindern; wenn sie alle drei n Hochschulstudium machen lassen wollen;
349		dann können sie sichs auch nicht allzuviel leisten; //mmh// und soviel haben wir
350		nun alle beide och wieder nich verdient; //mmh// ja also man musste //mmh//
351		sich schon n bissel nach der Decke strecken; aber man hats halt machen können;
352		ja und da is eben auch n Garten dran; //mhm// und das (1) is natürlich schön;
353		wenn man weiß ich kann in der sogenannten Saisonzeit von Mai bis Oktober;
354		dort draußen sein; //mmh// was wir jetzt demnächst auch wieder machen werden;
355		also ich will nur sagen ich hatte eigentlich keine Langeweile; wirklich nich. und
356		denn hab ich noch viel gehandarbeitet, was ich heute (.) eigentlich weniger
357		mache, also es is is- gerne gekocht, //mhm// also sie werden auch sehen an an
358		der Homepage da sind so viele Dinge drinne die mich interessieren; und des sind
359		auch nur (.) des sind nur einige der Dinge drinne; //mmh// mich interessiert noch
360		viel mehr. aber trotzdem man hat so das Gefühl (.) man wird irgendwie nich
361		mehr gebraucht; naja die Kinder warn natürlich inzwischen groß, sind ausm
362		Haus, sind verheiratet; haben selber wieder Kinder; sicher; man freut sich über
363		das Enkelchen kommt; und man (.) o- oder man kann auch mal einrücken wenns
364		krank ist; also es gibt son paar Oma-Opa-Aufgaben die sehr schön sind; aber
365		irgendwie befriedigts nich so ganz. (.) naja; und ähm (.) dann hab ich zu dem
366		Zeitpunkt; damals allerdings da war mein- unser dritter Sohn eben ähm da
367		machte er seinen seine ersten Diplom; er machte Maschinenbau- ähm (.)
368		ingenieur; und denn hat er noch n zweites gemacht; ähm (.) Wirtschaftsin- wie
369		nennt sich das, Wirtschaftsingenieur nich, Wirtschaftsingenieur, //mmh// ja nich

370	nich Betriebs- (.) sondern Wirtschaftsingenieur. und (jetzt) hat er also zwei (.)
371	Diplom-arbeiten geschrieben, und (.) äh die erste schon da wars dann so; da hat
372	er sich dann n kleinen Computer gekauft; aber wirklich son ganz kleenen mit
373	achtzich (.) Megabyte Festplatte und vier Arbeitsspeicher RAM, //mhm// (1)
374	3.1er Betriebssystem; also was was ganz einfaches; was ganz kleines; und des
375	brauchte er als Student damals, hat er; das heißt das ham wir ihm dann noch
376	finanziert. und als er dann seine Diplomarbeit schrieb da hab ich ihm dann schon
377	(1) geholfen. dabei; ich hab ja Zeit? //mhmh// und er kam immer gerne; wir
378	haben ein sehr gutes Verhältnis zu allen drei Söhnen; aber zu dem jüngsten is
379	logisch is´ Nesthäkchen es ist noch n bisschen enger, und da kam er dann (.) und
380	dann haben wir (.) meistens draußen in Peseckendorf das heißt also in unseren
381	Sommerhäuschen; haben wir dann gesessen und haben dann beide (gemeinsam)
382	dis äh seine Arbeit gemacht; des erarbeitet. er hatte das spezielle Fachwissen; ich
383	hatte schon biss- bissel das kaufmännische-ökonomische Wissen noch; //mmh//
384	is ja auch nich viel anders, //mhm// konnte mich also da schon n bissel
385	einbringen und dann eben auf die richtige Form bringen und dann das
386	ausarbeiten. und als dann die (.) seine Diplomarbeit fertig war; er hatte mit gut
387	bestanden; da sachte er weisste ich hab eigentlich mit Computern gar nich viel
388	im Sinn; ich muss ja; ich muss im Betrieb mitm Computer umgehen aber zu
389	Hause habe ich kein Interesse (.) mich damit noch zu beschäftigen; willste das
390	Ding nich haben; //mhmh// oh hab ich gesagt was soll ich denn damit, ach naja
391	sachter; weisste du erzählst immer und och der Vati (.) so viele kleine
392	Geschichten aus euerm Leben. //mmh// immer wenn mal die Familie zusammen
393	kam ach da fiel einem das ein und fiel einem das ein; und dann hörten sie
394	sowieso (immer) ganz gespannt zu und er sacht wär doch schade wenn das alles
395	verloren gehe; //mmh// gehen würde. (1) schreibs auf. ich geb ich geb dir das
396	Ding; hier hasten und nu schreib das mal auf; //mmh// dann bleibt das für die
397	Nachwelt erhalten. //mmh// das war der Anfang meiner Computertätigkeit; das
398	war dann also (.) naja 96 glaub ich inzwischen; wars; ja; sei- seine zweite
399	Diplomarbeit hab ich dann (.) voll und ganz; äh fast möcht ich sagen allein
400	gemacht. @(.)@ er hat mir die Zuarbeiten jieliefert. //mmh// und ich hab
401	praktisch äh die Fragen gestellt; und die hat er dann recherchiert, und so ist das
402	also in im absoluten; gemeinsamen entstanden. //mmh// sagen wir mal so; da
403	hatte ich natürlich sehr viel Spaß dann dran gehabt; vor allen Dingen weil ich
404	mich dann auch schon wieder n bisschen mehr einbringen konnte; auch mit
405	Power Point zu arbeiten; mit Folien; (.) und (.) also sagen wir mal die
406	Bildbearbeitung; //mmh// und die Grafikbearbeitung zu machen; des hab ich ja
407	vorher nu gar nich gewusst und gar nich gekannt: //mmh// ich wusste bloß dass
408	da (.) was weß ich mehr oder weniger ( ) @Zehnfinger-System@ möglich
409	is auf dem //mhm// auf der Tastatur viel mehr nich. //mhm// aber das is wie
410	gesagt schon n Schritt weiter, (.) da hatten wir also hingestellt; war also wirklich
411	noch son kleener Kasten, und (.) ja außer dass ich da druff schreiben konnte; (1)
412	hatte ich eigentlich kaum Ahnung. (mhm) hab ich erst mal überlegt was
413	machsten da nun, und denn hats mich doch gereizt, und da hab ich natürlich
414	meinen (.) zwei- also eigentlich haben alle drei Söhne mit mit Computer zu tun;
415	aber direkt (.) n Spaß dran (.) hat nur der zweite; der is Lehrer; //mhm// und ähm
416	(.) hat dann noch ähm; also für Informatik; hat er noch zusätzlich gemacht;
417	//mmh// er hat Mathematik gemacht; Arbeitswissenschaften; oder wie sich des
418	(.) nennt; und äh (.) hat dann noch Informatik dazu //mmh// gemacht, dazu
419	musste er sich ja dann entwickeln am am PC; und da is er sehr (.) interessiert,
420	und er arbeitet auch noch hier für ein Institut; für die ähm (.) für die Arbeits; für
421	die Lehrmittel (.) entwicklung. //mmh// ja, da macht er also ähm (so Fol-)
422	zunächst hat er Bücher (.) äh ausgearbeitet; inzwischen wird ja alles übers
423	Internet gemacht; und ja jar nicht mehr fast ja nischt mehr gedruckt, und da ist

424	auch jetzt wieder an interessanten Aufgaben (.) bezüglich der (.)
425	<u>Datenbankbereitstellung</u> für alle Schulen Magdeburgs; //mmh// und jetzt ist
426	sogar auch schon wieder ( ) Brandenburg daran interessiert; also ich will nur
427	sagen; da hat er aber allerdings is das dann was ich mache peanuts; ne? //mmh//
428	also dafür hat er eigentlich im Prinzip (.) keine Zeit; sondern nur ein müdes
429	Lächeln. aber zum damaligen Zeitpunkt hab ich ihm (gesacht) (ich sach ihn) ihn
430	möcht ich traktiert mittm <u>Telefon</u>, (.) jetzt geht das nich; jetzt geht jenes nich,
431	//mmh// was muss ich n hier machen, was muss ich (jenes) machen; das der
432	schon manchmal sachte oh Gott. Mensch geh doch (noch) zur zur zur weeß ich;
433	äh <u>Abend</u>schule oder irgend sowas; mach n Computerkurs. <u>nee</u>; hab ich gesacht;
434	also wenn dann will ich mir det allein beibringen. aber hab ich jesacht ik hab
435	jedacht <u>so gehts nich</u>; und denn hab ik anjefangen mir PC-Zeitungen zu kaufen.
436	//mhm// und zwar hab ich von Anfang an immer meine beider; jede Woche hol
437	ich mir eine; diese Woche isses die Computerbild, (.) und die vorige Woche und
438	die nächste isses dann die ( ) Computer <u>Easy</u>. //mhm// wobei die Computer Easy
439	wirklich s- leicht verständlich //mhm// für Anfänger is. //mhm// meine heute
440	isses mir schon (.) schon eigentlich ich weiß des schon alles was da drinne steht;
441	aber aus (.) Tradition kauf ich se mir auch noch weiter, //mhm// und die
442	Computer-Bild is für meine Begriffe sehr gut, für Anfänger und auch für
443	Fortgeschrittene. und da hab ich dann systematisch (1) die die Artikel gelesen (.)
444	<u>und</u> se nachgemacht. einfach mich an den PC j'setzt und hab genau das gemacht
445	was da drin stand, //mhm// und habe mir meine Erfolgserlebnisse selbst
446	jeschaffen; nich also; (.) alles mögliche; (.) //mmh// und bin dann auch zur
447	Grafikbearbeitung überjegangen; da hab ich denn <u>gemerkt</u> (.) Mensch da
448	kannste da wirklich was, denn auf diesem bisschen (.) ins äh <u>Gestalterische;</u>
449	<u>Kreative</u> hineingehende Gebiet (.) hab ich schon immer ganz gerne was
450	gemacht. //mhm// also ich hab och äh früher ganz (.) passabel gezeichnet und
451	gemalt; also hatte da eigentlich immer ganz gute Noten; hab mich och mal son
452	bissel versucht (.) mit mit kleineren (.) <u>Gemälden</u> //mmh// in Anführungsstriche.
453	und habe gedacht mein Gott hier kannst ja was mitm PC machen; d'is ja was
454	ganz Feines; ne, und da hat ich (ja) (.) viel Spaß und viel Intresse gehabt, später
455	kommen die Fotografien dazu; //mmh// das heißt die hatten wir immer schon;
456	aber dann hat man sich (och) n bisschen besseren Fotoapparat (.) zugelegt.
457	inzwischen hab ich jetzt seitm (1) August vorigen Jahres eine (.) Digitalkamera;
458	und bin natürlich janz happy; also damit kann man ja nu die tollsten Sachen
459	machen und (.) //mmh// kann das alles wunderbar (über) auf den PC übertragen
460	und bearbeiten, und alles was jetzt auf meiner Homepage an Fotos is. ich weiß
461	dass man mir sagt die sind gut; und dies ist natürlich dann schon ne (.)
462	Digitalkamera die man dann als Grundlage dafür hat. (2) joa. (.

5.2 Reflektierende Interpretation

Die im Folgenden abgedruckten reflektierenden Interpretationen spiegeln den Erkenntnisprozess der Untersuchung und die voranschreitende Typenbildung wider: Das Interview mit Bernd – eine der ersten ausgewerteten Erhebungen – wird noch sehr vorsichtig und nahe am empirischen Material interpretiert. Das Interview mit Herrn Schlosser beruht schon auf dem implizierten Vergleich mit anderen Interviews (u. a. mit Bernd); hier werden erste Typisierungen von Phasen deutlich. In der Interpretation der Erhebung mit Frau Brandt wird der Vergleich dann voll ausbuchstabiert und die Phasen werden präzise definiert.

Reflektierende Interpretation zum Transkriptionsausschnitt aus dem Interview mit Bernd

1212–1215 Immanente Nachfrage nach dem Beginn der „Musik" und Verweis auf einen möglichen Bezug zur Freundin.

1216–1221 Beschreibung durch Bernd
Bernd beschreibt den Beginn der Beschäftigung mit Musik, indem er auf ein Zeltlager verweist, dessen Inventar und insbesondere „Proberäume" und Musikinstrumente er erwähnt. Es dokumentiert sich hierin, dass Bernd kein besonderes Motiv seinerseits angibt, sondern den Beginn der Musik zunächst rein räumlich verortet.

1221–1236 Beginn einer Erzählung, Hintergrundkonstruktion im Modus einer Beschreibung (1235f) und einer Bewertung (1236)
Insofern „irgendwelche Leute", d. h. Bewohner des Zeltlagers an die Musikinstrumente gesetzt wurden, gilt eine generelle, nur potenzielle Betroffenheit durch das musikalische Angebot der „Proberäume", deren Willkür und Zufälligkeit durch das Passiv noch betont wird. In diesem Szenario, in dem Bernd von einem „Berliner Jazzer" an die Gitarre gesetzt wird, dokumentiert sich, dass Bernds Musizieren weder intendiert noch von ihm geplant gewesen war. Dieses spontane Handeln verläuft weitgehend unstrukturiert, d. h. ohne Ziel und Methode: Bernd hat „rumgeklimpert", womit er sich den Erfordernissen der Situation lediglich anpasste, wie er dies im „halt" andeutet.

Dass er dann doch noch die „Begeisterung dafür gefunden" hat, hängt nun ebenfalls nicht mit einem Nachdenken oder einem Willensakt von Bernd zusammen. Vielmehr ist gar nicht klar, ob er die Begeisterung oder diese ihn gefunden hat. In jedem Fall aber dokumentiert sich hier eine erste Reflexion der neuen Handlungspraxis, die allerdings nur von kurzer Dauer und ohne jegliche biographische Tragweite ist.

Eine kontinuierliche Handlung entsteht, als Bernd „vorangekommen" ist und sich der Musik intensiv hingab („nur noch täglich"). Wichtig hierfür ist die Begleitung durch den Musiklehrer („er"). Seine Fähigkeiten erweitern sich und er hat seinen ersten Auftritt. Gleichwohl distanziert sich Bernd nach der Beschreibung der „Aufnahmen" in einer Bewertung von den damaligen Musikproduktionen, die zum „Totlachen" seien. Schon hierin deutet sich an, dass Bernd mittlerweile ein anderes Niveau bei der Musikproduktion erreicht hat.

5.2 Reflektierende Interpretation

1236–1264 Fortsetzung der Erzählung mit Hintergrundkonstruktion im Modus der Beschreibung (1242–1246) und Bewertung (1247–1248)

Das spontane Handeln beginnt bei Bernd nicht nur dadurch, dass andere hierfür ein Setting bereitstellen; es gewinnt auch erst in der Interaktion mit signifikanten Anderen seine Bedeutung und Kontinuität. Besonders deutlich wird dies in der Empfehlung des Musiklehrers an die „Eltern" von Bernd, ihn in die „Musikschule" zu schicken. Wie wichtig die Reaktion der signifikanten Anderen ist, dokumentiert sich darin, wie Bernd den Musiklehrer zitiert: Dass er selbst „Talent" habe, gibt er nicht im Konjunktiv, sondern im Indikativ wieder, so dass die Fremdtheorie zur Theorie zum eigenen Selbst mutiert. Das vormals spontane Handeln mündet nun in den Besuch einer Musikschule und in die Erstausstattung für Bernd. Bernd hat es „voll durchgezogen", was ihm „total Spaß gemacht" hat. Im Gegensatz zu den Musikaufnahmen aus dem Zeltlager, von denen sich Bernd distanziert, haben die „Kassetten" aus jener Zeit weiterhin eine Bedeutung. Bernd vergewissert sich anhand dieser Dokumente seines musikalischen Werdegangs und kann so Kontinuität wahren. Seine Musik war damals noch gänzlich unkoordiniert und entbehrte eines Stils („schief"). Wenn Bernd „rumprobiert [hat] mit Tönen", so diente dies vielmehr der probehaften, praktischen Entfaltung eines Stils. Die Hingabe an die Musik („voll reingehangen") setzt sich auch dort fort, wo es zum Konflikt mit der „Schule" und den elterlichen Erwartungen kommt. Wenn Bernd hier entgegen den o. g. Hindernissen sein spontanes Handeln „durchgezogen" hat, so ist aus dem fremdinitiierten Tun ein Handeln geworden, mit dem Bernd sich identifiziert. In der musikalischen Handlungspraxis vermag es Bernd auch, in Bereichen, die zuvor von Ausgrenzung und Desintegration geprägt waren (peers), Kontinuität zu stiften. Er findet zunächst einen „Schlagzeuger" und dann eine „Band". In dieser Hintergrundkonstruktion wird der unspezifische, ungeplante Beginn der Band deutlich. Ihr Ausgangspunkt ist der körperliche Aktionismus der „riesigen Schlägerei", auf der Bernd und sein Schlagzeuger einen „Typen kennengelernt" haben, der später ihr Gitarrist werden sollte. Vor dem gemeinsamen Musizieren stand also der unspezifische soziale Kontakt, der auch einen ungeübten „Sänger" mit einschloss. Insofern dieser in die Band aufgenommen wird, obwohl er „noch nie gesungen" hat und in das Mikrofon „ringebrüllt hat", dokumentiert sich hierin, dass auch die Band vornehmlich aktionistisch musizierte. Gleichwohl hat sich diese erste Band stilistisch an einer erfolgreicheren Gruppe, „ACDC", orientiert. Ein eigener Stil hat sich jedoch noch nicht entfaltet; immerhin stellt dies eine Entwicklung gegenüber der Stil-losigkeit des „Herumgeklimpere" dar. Insgesamt aber dokumentiert sich hier – beginnend mit dem Besuch der Musikschule –, dass Bernd nunmehr das Musizieren lernt, wobei er sowohl institutionell gerahmte als auch informelle Lernprozesse durchläuft. Gerade die Stillosigkeit des „Herumgeklimpere" verweist darauf, dass diesem Lernen noch kein klares Ziel vorgegeben ist, sondern es sich hier eher um eine Form von musikalisch-stilistischen Erkundungen handelt.

Reflektierende Interpretation zum Transkriptionsausschnitt aus dem Interview mit Herrn Schlosser

1–2   Biographisch orientierte Erzählaufforderung durch den Interviewer

3–7   Abstrahierende Erzählung mit Hintergrundkonstruktion im Modus der Beschreibung (4f.)

Hubert Schlosser erzählt äußerst knapp seine Geburt, seinen Herkunftsort, den er etwas beschreibt, dann Ulm, wohin er danach gezogen sei, und verweist zuletzt auf „hier" (Köln), wo er seit acht Jahren lebe.

7–13   Abstrahierende Beschreibung mit eingelagerter Bewertung (12)

Herr Schlosser verschafft sich und dem Interviewer auf diese Weise einen „Grobüberblick", an den er noch die Nennung seiner Geschwister und Eltern anfügt. Dass er mit den Eltern keine „überragende" Beziehung habe, bezeichnet er in einer biographischen Orientierungstheorie als akzeptabel. Obwohl Hubert Schlosser die Erzählaufforderung als einen „guten Einstieg" bezeichnet, berichtet er nur äußerst knapp über die zentralen „drei Stationen" seinen Lebens, die er mit dessen altersbezogenen sozialräumlichen Gegebenheiten in Eins setzt. Sodann stellt er, indem er den Begriff „Lebensgeschichte" aufgreift, die lebensgeschichtliche Relevanz dieses Berichts implizit in Frage und geht nunmehr auf seine Familie und seinen derzeitigen Kontakt zu ihr ein. Ganz offenbar sucht er nach der Bedeutung des Interviewer-Begriffs „Lebensgeschichte" und nach dem Ansinnen des Forschers überhaupt.

13–15   Fortsetzung einer abstrahierenden Erzählung

Anschließend geht Herr Schlosser nochmals auf seine Zeit in Köln ein und verortet hier seine „Existenzgründung".

15–36   Metakommunikative Klärung der Fragestellung

Diese Darstellung kommentiert er schlussendlich mit einem Hinweis auf seine Orientierungslosigkeit, wie sie sich (zumindest) auf das Interview bezieht: Ihm fehlt der „Schwerpunkt". In dieser Metakommunikation, d. h. in einer Kommunikation über die Kommunikationssituation des Interviews, schlägt er unterschiedliche Möglichkeiten des Weitererzählens vor. Dann bittet der Forscher ihn, seine „ersten Lebensjahre, (.) bis eben zu dem heutigen Datum" zu erzählen, wobei man ja auf die Existenzgründung „von selbst" zu sprechen kommen würde.

5.2 Reflektierende Interpretation

Zunächst beginnt Herr Schlosser nun mit etwas, das ihm „spontan" zuhanden ist, bricht dies aber ab und reflektiert auf die Interviewsituation, innerhalb derer sich (eventuell mit der Frage nach der Lebensgeschichte) „Stolpersteine" ergeben haben. Er zieht daraus den Schluss, das Interview sozusagen von hinten, d. h. mit der Existenzgründung und ihrem Vorlauf zu beginnen. Nach diesen Schwierigkeiten mit dem Interviewer und dessen Versuch, die Situation zu strukturieren, dokumentiert sich hier also umgekehrt der Versuch von Herrn Schlosser, selbst die Situation ‚in den Griff' zu bekommen und zu ordnen. Dem unterliegt, so kann vermutet werden, zum einen eine gewisse Distanz gegenüber dem Interviewer und zum anderen eine Orientierung an der autonomen Gestaltung von Handlungspraktiken (wie etwa derjenigen des Interviewgebens). Seine Entscheidung begründet er dann einerseits mit dem engen Zusammenhang, in dem die unterschiedlichen Themen-„Bereiche", d. h. die Existenzgründung und seine Lebensgeschichte, stehen: Sie „vermischen sich". Andererseits meint er, die Erzählung der Existenzgründung würde ihn unweigerlich „da hin", nämlich an den Beginn seiner Lebensgeschichte, führen. In dieser Schwerpunktsetzung zeigt sich der identitätsstiftende Charakter der Existenzgründung, der es Herrn Schlosser offenbar erst ermöglicht, sein Leben zu erzählen. Die Existenzgründung ergibt sich also – so kann schon hier geschlossen werden – nicht aus seiner Lebensgeschichte, sondern der Sinn der Lebensgeschichte aus der Existenzgründung. Dies ist ein Hinweis zugleich auf die Ungeplantheit wie auch den Bildungscharakter der Existenzgründung; denn eine Kontinuität der Lebensgeschichte, die zur Existenzgründung führt, ist für Hubert Schlosser nicht erzählbar.

36–39 Beginn einer ausführlichen Erzählung

Mit dem ersten Anblick einer „Samba-Percussion-Gruppe" beginnt nicht nur Hubert Schlossers Existenzgründung, sondern auch seine Erzählung. Die spontane Affizierung an die Percussion, die „ganz gut reingeknallt" hat, steht an aller Anfang. Dass Herrn Schlosser die Worte fehlen („oder wie auch immer"), um dieses Erlebnis zu beschreiben, weist sowohl auf dessen Spontaneität als auch auf die mit ihr verbundene emotionale Steigerung hin. Zugleich war dieses Erlebnis existenziell, hat es ihn doch „sofort ergriffen". Wichtig ist, dass er hier zudem kurz über die Bedeutung des Samba reflektiert, wenn auch nur rudimentär. Ihm wird klar, dass er dies „auch" möchte.

40–52 Fortsetzung der Erzählung

Nachdem mit der Samba-Musik Neues in sein Leben eingetreten ist, lernt Herr Schlosser diesen Stil innerhalb einer Samba-Gruppe, wobei er „ganz klein angefangen" hat, recht „bald" jedoch sein Instrumentarium erweitert und schließlich auch „Auftritte" gemacht hat. Hier dokumentiert sich, wie auf eine erste spontane Phase, in der die Affizierung an die Musik stattfindet, und eine zweite Phase, in der diese Bindung (zunächst noch ganz allgemein und ohne berufsbiographischen Bezug – „naja ausprobiern" –) reflektiert wird, eine Phase des Erwerbs und der Konsolidierung eigener Fähigkeiten folgt. Sehr deutlich zeigt sich, dass es in dieser Lernphase zu keiner grundsätzlichen Veränderung kommt, sondern sich Herr Schlossers Fähigkeiten und Tätigkeiten lediglich erweitern, bis dahin, dass er in eine „zweite Samba-Gruppe" eingetreten ist.

Reflektierende Interpretation zum Ausschnitt aus dem narrativen Interview mit Beate Brandt

319–338   Fortsetzung der Eingangserzählung mit Hintergrundkonstruktion im Modus der Bewertung (322), Hintergrundkonstruktion zur Hintergrundkonstruktion im Modus der Argumentation (322–326) und Hintergrundkonstruktion im Modus der Argumentation (335–337)

Es dokumentiert sich hier, dass Frau Brandt aus zwei Gründen in den „Vorruhestand" eintritt: Einerseits sagt sie, dies sei eine günstige Angelegenheit gewesen; andererseits – und dies zieht sich durch ihre Lebensgeschichte hindurch – wird in ihrer Erzählung sowie der hierzu gehörenden Argumentation deutlich, dass sie, um gegenüber ihren Mitarbeitern (sie ist die Direktorin des Betriebs) nicht strategisch agieren zu müssen, gezwungen war, jenen Weg, den sie den Mitarbeitern „schmackhaft" gemacht hatte, selbst zu gehen.

338–365   Fortsetzung der Eingangserzählung mit Hintergrundkonstruktion im Modus der Argumentation (338–339; 355; 360–361) und Bewertung (364f.) und Hintergrundkonstruktionen zur Argumentation im Modus der Beschreibung und Erzählung (339–354; 355–360; 361–364)

Wenn Frau Brandt hier davon spricht, dass sie „natürlich in ein Loch gefallen" ist, dann zeigt sich, dass sie diese biographische Krise bereits reflektiert und – zumindest teilweise – bewältigt hat. Die biographische Krise ist jedoch nicht alleine durch das Ende der Berufstätigkeit bedingt. Andere Beschäftigungen, so zeigt sich in den Hintergrundkonstruktionen, hat Frau Brandt in genügendem Maß. Doch alleine der Umstand, „keine Langeweile" zu haben, macht die biographische Krise noch nicht zu dem, was sie ist. Es ist vielmehr das Fehlen von Erwartungen anderer, das Gefühl, „nich mehr gebraucht" zu werden, das Frau Brandt in ein Loch fallen lässt. In den Hintergrundkonstruktionen wird zudem deutlich, dass die biographische Krisenerfahrung nicht alleine durch die Diskontinuität im beruflichen

5.2 Reflektierende Interpretation

Bereich, sondern zudem durch die Auflösung des familialen Zweigenerationenhaushaltes bedingt ist. Nachdem ihre Kinder „ausm Haus" sind, fallen Frau Brandt nur noch sporadische „Oma-Opa-Aufgaben" zu, die sich aber nicht mit einer kontinuierlichen Erwartungshaltung verbinden. Dies alles macht ihre biographische Unzufriedenheit aus.

365–386 **Fortsetzung der Eingangserzählung mit Hintergrundkonstruktion im Modus der Erzählung (366–376); im Modus der Beschreibung (377–378, 382–386)**
Noch bevor Frau Brandt ihre Erzählung über die Nennung eines „Zeitpunktes" hinaus fortsetzen kann, muss sie in einer Hintergrundkonstruktion die Ausbildungssituation ihres „Sohnes" schildern, der sich zwecks „Diplomarbeit" einen „Computer" gekauft hat. (In der Beschreibung dieses Computers dokumentiert sich die Überlagerung der erzählten Zeit durch die Erzählzeit: Frau Brandt kennt die Details des Computers [„3.1er Betriebssystem"], obwohl sie damals noch nicht über das entsprechende IT-Wissen verfügte.) Frau Brandt war an der Erstellung dieser Abschlussarbeit beteiligt, insofern der Sohn immer zu ihr ins Sommerhäuschen kam und sie zusammen schrieben. Frau Brandts Part war dabei vornehmlich das „Ausarbeiten".

386–413 **Fortsetzung der Erzählung mit biographischer Orientierungstheorie (397) und dazugehöriger Hintergrundkonstruktion im Modus der Erzählung (397–410)**
Bei der Abfassung der Diplomarbeit hat der Computer für Frau Brandt offenbar noch keine Rolle gespielt, erst nachher wird er ihr von ihrem Sohn anvertraut. Die Spontaneität dieses Handelns speist sich hier vor allem aus dem Desinteresse des Sohnes, der den Computer primär deshalb abgibt, weil er ihn nicht mehr haben will und mit ihm „nich viel im Sinn" hat, und der anfänglichen Orientierungslosigkeit der Mutter, die nicht nur nicht mit dem Computer umgehen kann, sondern nicht einmal weiß, was sie mit ihm „soll". Die Brücke bilden die „kleinen Geschichten"; dass diese Brücke allerdings nicht im Zusammenhang einer Planung auf Seiten von Frau Brandt steht, wird darin evident, dass sie auf diese „Geschichten" hernach überhaupt nicht mehr zu sprechen kommt. Vielmehr ist für sie diese Begebenheit in der Retrospektive ausschließlich deshalb relevant, weil es der „Anfang meiner Computertätigkeit" war. An diese biographische Orientierungstheorie schließt sich eine Hintergrundkonstruktion an, in der Frau Brandt bereits den Unterschied zur „zweiten Diplomarbeit" markiert, bei deren Abfassung sie bereits ihre Computerfähigkeiten nutzen konnte. Diese Kontrastierung wird dann weitergeführt, indem Frau Brandt ihre späteren Computerfähigkeiten mit

ihrem Vorwissen bzw. dessen Fehlen („gar nich gewusst und gar nich gekannt") vergleicht: Sie betrachtet ihn, wie sich im Rekurs auf das „Zehnfinger-System" der Schreibmaschine dokumentiert, als eine analoge Maschine, die hauptsächlich zum Schreiben gedacht ist. Nach der Hintergrundkonstruktion setzt Frau Brandt die Erzählung fort. Dabei wird noch einmal der Vergleich zum „Schreiben" herangezogen, zusätzlich aber auch die Fremdheit gegenüber diesem „Kasten", der sozusagen undurchschaubar und verschlossen ist, markiert. Deutlich wird hier aber, dass es sich nicht nur um eine Fremdheits-, sondern auch um eine Differenzerfahrung handelt, insofern Frau Brandt bemerkt, „kaum Ahnung" zu haben, und ihren Zugang zum Computer nicht für selbstverständlich hält („überlegt"). Diese Fremdheits- und Differenzerfahrung erhält für sie eine gewisse Relevanz, insofern es sie „doch gereizt" hat. Dabei wird allerdings noch nichts über die Reichweite dieser Relevanz ausgesagt.

Vergleicht man diesen Abschnitt mit den anderen beiden Fällen („Bernd" und „Hubert Schlosser"), so zeichnet sich hier wie in allen Fällen – in Bezug auf den Bildungsprozess – eine erste Phase der Spontaneität ab. Jenseits geplanten Handelns begeben sich die untersuchten Personen in eine Handlungspraxis hinein, die ihnen weitgehend unbekannt ist. Verbunden ist hiermit bisweilen eine Begegnung mit dem Unbekannten. Wichtig ist auch die sich an die erste Phase spontanen Handelns anschließende Phase der unspezifischen Reflexion, in der die neue Tätigkeit zwar für relevant gehalten wird, aber noch keine biographische Bedeutung bekommt. Diese Phase wird hier mit dem „gereizt" angedeutet.

413–446 Fortsetzung der Erzählung mit Hintergrundkonstruktionen im Modus der Beschreibung (415–429; 436–443)

Die Erzählung setzt sich fort mit der Nennung des zweiten Sohnes. Bevor klar wird, was Frau Brandt mit ihrem Sohn gemacht hat, erläutert sie in einer Hintergrundkonstruktion, warum dieser unter den drei Söhnen derjenige mit den besten Computerkenntnissen ist. Interessant ist hier die Begründung für das Interesse des Sohnes am Computer: Dieser ist zunächst in einen Lehr- und Arbeitszusammenhang eingebunden („Informatik"), der ihm dann Erkenntnisfortschritte „am PC" abforderte. Erst hernach geht Frau Brandt auf ein eigenes Interesse ihres Sohnes ein. Auch hier entfaltet sich eine Tätigkeit – so Frau Brandt – erst innerhalb eines berufsbiographischen Erwartungsrahmens, wie dies auch für Frau Brandts Berufsbiographie typisch ist. Zugleich stellt Frau Brandt die Differenz zu ihren eigenen Computeranliegen heraus, die für ihren Sohn nur „peanuts" sind. Gleichwohl spielt der Sohn zunächst eine wichtige Rolle in Frau Brandts Lernprozess. Es dokumentiert sich hier, dass der Sohn sie nicht anleitet, sondern Frau Brandt offenbar zunächst einfach am Computer etwas ausprobiert und nur im Falle des Versagens ihn

5.2 Reflektierende Interpretation

zu Rate zieht („jetzt geht das nich"). Auch als ihr Sohn erste Hinweise auf Ermüdung und Desinteresse zeigt („oh Gott"), folgt sie nicht seinem Rat, einen „Computerkurs" zu besuchen. Sie wehrt sich vehement gegen dieses Ansinnen („nee"), was sich auch in der Selbstzitierung zeigt. Der folgende Satz, in dem sich Frau Brandt auf eine autodidaktische Vorgehensweise festlegt („allein beibringen"), weist eine Konditionalstruktur auf. In dieser deutet sich der Vorbehalt gegenüber dem Computer an, den Frau Brandt anfangs noch hatte (es handelte sich ja noch nicht um eine biographisch wichtige Tätigkeit). Frau Brandt findet ihre autodidaktische Methode in den „PC-Zeitungen", denn dass sie es alleine nicht schaffen würde, war ihr offenbar schnell klar. In der Hintergrundkonstruktion unterscheidet sie die beiden Computerzeitschriften, wobei deutlich wird, dass sie inzwischen deren Kauf habitualisiert hat („meine beiden"; „aus Tradition"). In der Fortsetzung der Erzählung dokumentiert sich ein Lernen im Anschluss an das spontane Handeln im fremden Terrain: Frau Brandt liest die Zeitschrift ohne eine inhaltliche Schwerpunktsetzung („die Artikel gelesen"), wobei sie ein Hauptaugenmerk nicht auf den theoretischen Teil, sondern den praktischen Nachvollzug des dort Dargestellten legt („genau das gemacht") Sie ahmt also die dortigen Beispiele nach, ohne dass es zunächst um tiefere Einsichten in den Computer oder auch nur um die jeweiligen Themen und Problemgebiete geht, mit denen sie sich beschäftigt („alles mögliche"). Wie ihr erster Kontakt mit dem Computer ist es auch hier zu aller erst ein Machen, bei dem dessen Gelingen im Vordergrund von Frau Brandts Aufmerksamkeit steht. Sie hat sich ihre „Erfolgserlebnisse selbst jeschaffen".

Vergleicht man diesen Abschnitt mit den anderen Fällen, so wird eine weitere Phase, diejenige des Lernens und Erkundens, evident. Charakteristisch für diese Phase ist, dass das Lernen unmittelbar an ein einfaches Machen geknüpft ist, insofern in dieser Phase der Rahmen, innerhalb dessen gelernt wird, noch nicht völlig klar ist. Ein solches machendes Lernen zeitigt insofern auch Kontingenzen, Neues wird entdeckt, wie auch im Folgenden deutlich wird.

446–462 Fortsetzung der Erzählung mit einer Theorie zum eigenen Selbst (449f) und zugehöriger Hintergrundkonstruktion im Modus der Beschreibung (449–452)

Im Zuge der Phase des Lernens und Erkundens wird nicht nur Neues entdeckt, sondern dies auch reflektiert. Frau Brandt beginnt mit der „Grafikbearbeitung" zunächst offensichtlich ohne spezifische Pläne oder Erwartungen, hat dann aber „gemerkt", dass dieser Bereich für sie eine besondere Bedeutung hat, wie in der folgenden Theorie zum eigenen Selbst deutlich wird: „hab ich schon immer ganz gerne was gemacht." In der Hintergrundkonstruktion zu dieser Theorie weist Frau Brandt auf ihre früheren Fähigkeiten im Zeichnen und Malen hin, wobei sie deren Resonanz innerhalb der Schule betont („ganz gute Noten"). Diese Werke hatten eine pädagogische Rahmung und zählten für Frau Brandt offenbar nicht zum eigentlichen Leben, von dem sie ausgeklammert bzw. „in Anführungsstriche" gestellt werden. Das „Gestalterische" knüpft also an die Sozialisationsgeschichte an, auch wenn es damals keine wesentliche Relevanz hatte. Im „Gestalterischen" zeichnet sich auch eine erste spezifischere Relevanz des Computers an, ist Frau Brandt doch nun zum ersten Mal klar, dass sie hier „was mitm PC machen" kann und „Spaß und viel Interesse" dabei hat. Die Phase des Lernens und Erkundens ist also – und in dieser Hinsicht müssten auch die anderen Fälle nochmals interpretiert werden – eng mit der Entdeckung neuer Elemente in der neuen Handlungspraxis und deren Reflexion verknüpft. In der Folge erzählt Frau Brandt von ihrer Kamera bzw. „Digitalkamera", die sie für den PC verwendet. Sie greift hier vor und schildert aus der Zeit heraus, in der sie bereits im Internet vertreten ist. Mit der Kamera macht Frau Brandt Fotos, die sie auf ihrer „Homepage" verwendet und dafür sehr positive Reaktionen bekommt. Hier deutet sich an, dass auch das Gestalten erst dort seine volle Bedeutung erhält, wo es im Rahmen des Internet geschieht.

5.3 Bildung sinngenetischer Typen

In der sinngenetischen Typenbildung werden nun die Orientierungsrahmen in ihrer Unterschiedlichkeit von den spezifischen Fällen abgelöst und auf diese Weise abstrahiert. Dies gelingt schon, wenn man nur die hier vorgestellten drei Fälle heranzieht. Die Abstraktion der Orientierungsrahmen wird allerdings noch erleichtert durch das Heranziehen der sechs übrigen Fälle, die hier nicht dargestellt werden können.

Wenn man eine sinngenetische Typenbildung zum Phasenverlauf eines biographischen Bildungsprozesses anstrebt, so ergibt sich hier allerdings eine Besonderheit. Würden üblicher Weise die unterschiedlichen Orientierungsrahmen in *unterschiedlichen* Fällen herausgearbeitet (im Sinne von: Fall 1 bearbeitet das Thema so, Fall 2 dasselbe Thema anders), geht es ja bei der Rekonstruktion von Bildungsphasen – da Bildung hier die Transformation von Orientierungsrahmen meint – um die (mehr oder weniger starke) Veränderung von Orientierungsrahmen *innerhalb* eines jeden Falles.

Dennoch kann die sinngenetische Typenbildung auf der komparativen Sequenzanalyse aufbauen, wenngleich hier nun die heterologen zweiten und dritten Äußerungen nicht in anderen Fällen gesucht, sondern im selben Fall identifiziert und als eine spätere Phase rekonstruiert werden.

5.3 Bildung sinngenetischer Typen

Wichtig ist ganz allgemein, dass es bei der sinngenetischen Typenbildung nun nicht mehr nur darum geht, den Orientierungsrahmen eines Falles im Kontrast zu anderen Orientierungsrahmen, die man aus heterologen Anschlussäußerungen herausarbeitet, zu rekonstruieren. Es reicht hier also nicht mehr aus, den einen Orientierungsrahmen dadurch zu rekonstruieren, dass er von anderen Orientierungsrahmen (und den heterologen Anschlussäußerungen, in denen sie sich manifestieren) abgegrenzt wird. Diese anderen Orientierungsrahmen erhalten in der sinngenetischen Typenbildung vielmehr eine *eigene Signifikanz*. Das bedeutet im Rahmen des Beispiels: Die erste Phase spontanen Handelns wird nicht mehr nur gegenüber den restlichen Orientierungsrahmen, die ansonsten undefiniert bleiben, abgegrenzt. Vielmehr werden neben der ersten Phase spontanen Handelns auch die Phase der unspezifischen Reflexion und die Phase des Erkundens und Lernens in den neuen Fällen erkannt und typisiert.

Selbstverständlich lassen sich dann neben diesen drei Phasen noch weitere, anschließende Phasen im Bildungsprozess rekonstruieren (siehe dazu die Einleitung zu diesem Kapitel). An dieser Stelle sollen aber nur die ersten drei Phasen, die auf der Basis unter anderem der hier interpretierten Interviewabschnitte rekonstruiert und typisiert wurden, genauer dargestellt werden.

1. Der Bildungsprozess beginnt mit spontanem Handeln. Alle befragten Personen berichten davon, wie sie zunächst etwas gesehen, entdeckt oder gemacht haben, ohne dass sie dies geplant oder gar damit eine biographische Orientierung verbunden hätten. Dies kann die erste Begegnung mit Rockmusik sein; es kann sich aber auch um die erste Beobachtung einer Samba-Percussion-Gruppe handeln oder um den (alten) Computer, den man als Seniorin unverhofft von den Kindern geschenkt bekommt. Charakteristisch ist in der *Phase des ersten spontanen Handelns*, dass dieses meist noch beiläufig geschieht, ohne – auch im Nachhinein – eine besondere, biographische Wertigkeit zu erhalten.

2. Wird das spontan eingeführte neue Handeln als Differenz erfahren, so schließt sich eine *Phase der unspezifischen Reflexion* an. Nun wird den untersuchten Personen – so wird in ihren biographischen Erzählungen evident – klar, dass es sich hier um eine für sie interessante Handlungspraxis dreht, der sie zwar keine biographische Bedeutung zumessen, die sie aber weiter verfolgen möchten. Die Phase der unspezifischen Reflexion ist kurz, aber ausgesprochen wichtig. Denn in ihr entscheidet sich, ob eine der vermutlich unzähligen spontanen Handlungen, auf die sich Menschen einlassen, überhaupt weitergeführt wird.

3. Als nächstes treten die untersuchten Personen in eine *Phase des Erkundens und Lernens* ein. Zu betonen ist hierbei das Explorative, denn ihnen ist in diesem Moment ihres Lebensablaufs noch nicht klar, was sie überhaupt lernen, warum

sie es lernen und wie sie es lernen sollen. Sie tasten sich voran, wobei sich hier durchaus unterschiedliche Vorgehensweisen finden lassen: Erkundungen anhand sozialer Vorbilder, autodidaktische Bemühungen und Lernen aus Fehlern. Charakteristisch für alle diese Vorgehensweisen ist, dass es den Lernenden noch an klaren Rahmen für ihr Tun fehlt.

5.4 Bildung soziogenetischer Typen

In der soziogenetischen Typenbildung geht es nun darum, die sozialen Zusammenhänge aufzuklären, innerhalb derer die sinngenetisch entwickelten Typen des Phasenablaufs stehen. Dazu suche ich nun nicht mehr nach den übergreifenden Gemeinsamkeiten zwischen den drei Fällen (die ich ja in der Phasentypik herausgearbeitet habe), sondern nach systematischen Unterschieden zwischen ihnen.

Das Sample ist so angelegt, dass es vor allem Vergleichsmöglichkeiten hinsichtlich des Lebensalters ermöglicht. Zwar sind im Sample auch beide Geschlechter und unterschiedliche Schulabschlüsse vertreten, doch ließen sich die Lebensalter der befragten Personen noch am ehesten systematisch variieren.[13]

Um nun neben der Phasentypik auch eine Lebensalterstypik zu entwickeln, betrachtet man zunächst eine Phase – im folgenden Beispiel ist dies der Typus der Phase ersten spontanen Handelns –, die ja allen drei Fällen gemeinsam ist. Dann sucht man innerhalb dieser Phase nach Unterschieden zwischen den Fällen (s. Abb. 5.3).

---

13 Gleichwohl muss hier darauf aufmerksam gemacht werden, dass unter Umständen bestimmte lebensaltersspezifische Vergleiche mit dem Geschlechtervergleich konfundieren, gerade dort, wo zwischen den Seniorinnen und den ausschließlich männlichen Jugendlichen verglichen wird. Der Lebensaltersvergleich hätte sich nur dann trennscharf vom Geschlechtervergleich abgrenzen lassen, wenn letzterer ebenfalls ausgearbeitet und hierfür das Sample um weibliche Jugendliche und männliche Senioren ergänzt worden wäre.

5.4 Bildung soziogenetischer Typen

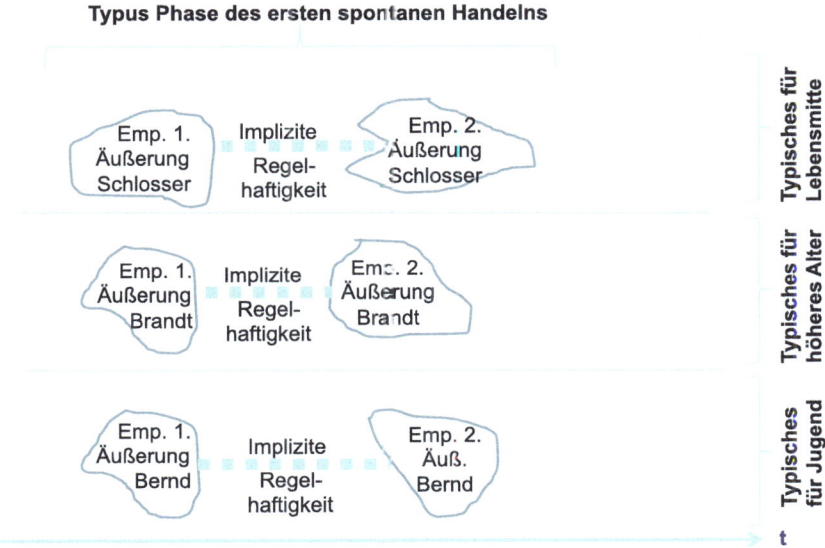

Abb. 5.3 Komparative Sequenzanalyse und soziogenetische Typenbildung

Hätte man nun lediglich die drei hier ausführlich behandelten Fälle interpretiert, so würden sich die lebensaltersspezifischen Orientierungsrahmen, die die Phase ersten spontanen Handelns überlappen, nicht von den Fällen ablösen, d. h. nicht abstrahieren lassen. Da nun aber weitere sechs Fälle im Sample vorhanden sind, in denen ähnliche (lebensaltersspezifische) Orientierungsrahmen zu finden sind, ist diese Abstrahierung der lebensalterstypischen Orientierungsrahmen möglich. Trotz der in der komparativen Sequenzanalyse festgestellten Gemeinsamkeiten zwischen den Fällen lassen sich also auch Unterschiede identifizieren, die aufgrund der systematischen, lebensaltersbezogenen Vergleichsfallbildung dem Lebensalter zugerechnet werden.

Für die Phase ersten spontanen Handelns lassen sich folgende lebensalterstypischen Differenzierungen feststellen:

Bei den *Seniorinnen* kommt in dieser Phase zur Spontaneität die Erfahrung von existentieller Bedrängnis hinzu, die in den anderen beiden Lebensaltern erst in einer späteren Phase zu Tage tritt. Charakteristisch für den Bildungsprozess der Seniorinnen ist es, dass sie zu dessen Beginn sowohl aus den institutionalisierten Ablaufmustern der Berufsbiographie herausfallen, insofern sie (früh)verrentet werden, als auch der Erfahrungsraum ihrer Familie (im Sinne einer Zweigenerationenfamilie) sich auflöst.[14] Durch dieses Ins-Wanken-Geraten der alten Passung von Selbst und Welt, das von einer Seniorin (Frau Brandt) als „Loch" in ihrem Leben bezeichnet wird, entstehen eine Offenheit für Neues und ein Freiraum, der dann mit dem spontanen Handeln gefüllt wird.

Bei den *Jugendlichen* und den *Erwachsenen in der Lebensmitte* wird diese Offenheit zwar schon durch ihre vorgängigen (hier nicht anhand von empirischen Daten dargestellten) Erfahrungen der Milieudesintegration und der Aus- und Abgrenzung von institutionalisierten Ablaufmustern der Berufsbiographie grundsätzlich gewährleistet. Doch ist es hier erst die viel spätere Phase des zweiten spontanen Handelns, in der die existentielle Bedrängnis den Raum dafür frei gibt, das spontane Handeln zur zentralen Praxis werden zu lassen.

Das spontane Handeln beginnt jeweils in einem gewissen Setting, ohne durch dieses festgelegt zu sein. Auch in dieser Hinsicht lassen sich Lebensmitte, höheres Alter und Jugend unterscheiden. Bei den Jugendlichen dokumentiert sich, dass die ersten spontanen Handlungen meist in pädagogisch inszenierten Situationen beginnen (wie etwa der Breakdance auf der Kirchendisco, die Musik im Zeltlager). Dies ist nicht mit einer pädagogischen Strukturierung des spontanen Handelns zu verwechseln, denn jenes nimmt sehr rasch seinen eigenen Weg fernab pädagogischer Settings. Zugleich zeigt sich, dass die Jugendlichen in dieser Phase des ersten spontanen Handelns noch nicht innerhalb einer festen Gruppe agieren (diese wird sich erst noch im Zuge des spontanen Handelns konstituieren), sondern in lockeren kollektiven Strukturen der Jugendszene.

Die Erwachsenen in der Lebensmitte beginnen ihr spontanes Handeln weitgehend individuell. Im Unterschied hierzu wird bei den Seniorinnen das spontane Handeln im familialen, bisweilen auch im beruflichen Rahmen initiiert. Doch auch hier wird – ähnlich wie bei den Jugendlichen – sehr schnell deutlich, dass dieser familial-berufliche Rahmen, der ohnehin in Auflösung begriffen ist, nur das Feld ausmacht, in dem das spontane Handeln beginnt, ohne dieses zu strukturieren.

Während diese lebensalterstypischen Differenzierungen in der Phase ersten spontanen Handelns recht deutlich werden, vollziehen sich die nächsten beiden Phasen (jene der unspezifischen Reflexion und des Erkundens und Lernens), ohne dass Unterschiede zwischen den Altersgruppen erkennbar wären.

---

14 Hinsichtlich der Bedeutung der Auflösung der Familie für den spontanen Bildungsprozess deutet sich hier – neben der alterstypischen Komponente – auch der geschlechtsspezifische Aspekt an.

5.5 Generalisierung der empirischen Ergebnisse

Mit der Lebensalterstypik lässt sich die zuvor innerhalb der sinngenetischen Typenbildung erarbeitete Phasentypik spezifizieren. Neben den erwähnten werden auch weitere Phasen in den drei in die Untersuchung einbezogenen Lebensaltern auf unterschiedliche Weise modifiziert.

Neben dieser lebensaltersbezogenen Spezifizierung der Phasentypik wurde diese auch schulabschlussbezogen differenziert, wenngleich sich zwischen Personen mit unterschiedlichen Schulabschlüssen (Real- vs. Gymnasialabschluss) nur geringe Differenzen zeigen ließen. Darüber hinaus wäre es – bei einer systematischen Entwicklung des Samples – auch möglich gewesen, weitere Spezifizierungen (in Bezug auf das Geschlecht, die Generation, den Migrationshintergrund, die regionale Herkunft) anhand der in den Interviews geschilderten Erfahrungen herauszuarbeiten.

Derartige Spezifizierungen dienen dazu, die Grenzen der Gültigkeit eines Typus aufzuzeigen und auf diese Weise den Typus bzw. die Typik generalisierungsfähig zu machen (vgl. Bohnsack 2005). Je genauer an meinem Forschungsbeispiel gezeigt werden kann, wie und wo die Phasentypik durch die Lebensalters- und Schulabschlusstypik modifiziert wird, umso eher lässt sich der Phasenablauf generalisieren.

Dies bedeutet jedoch nicht, dass auch die Lebensalterstypik generalisierungsfähig wäre. Denn um auch diese generalisierungsfähig zu machen, müsste sie mit weiteren Typiken in Zusammenhang gebracht und so ihre eigenen Grenzen spezifiziert werden. Zum Beispiel müsste rekonstruiert werden, wie die Lebensalterstypik durch die Geschlechtstypik modifiziert wird. Solange dies nicht geschieht, ist nur die Basistypik zu den Phasen des Bildungsprozesses generalisierbar.

Die Generalisierung empirischer Ergebnisse durch die Konstruktion mehrdimensionaler Typologien[15] dient der Erarbeitung von Gegenstandstheorien (etwa einer Theorie spontaner Bildung), nicht aber der Begründung von Grundlagentheorien und Grundbegriffen (vgl. Bohnsack 2005) wie etwa jenem der Bildung, der vom Lernbegriff definitorisch unterschieden wird (s.o.). Je generalisierungsfähiger Typologien sind, umso eher sind sie aber auch dazu geeignet, einen Reflexionshorizont für Grundbegriffe und Grundlagentheorien zu konstituieren (siehe dazu näher: Nohl 2016b).

---

15 Neben der soziogenetischen Typenbildung ermöglicht auch die relationale Typenbildung (siehe Kap. 6.3 und Nohl 2013) Generalisierungen.

Weiterführungen der dokumentarischen Interpretation narrativer Interviews 6

Spätestens wenn man seine Überlegungen zu einem Auswertungsverfahren publiziert hat, sind diese zur kreativen Weiterentwicklung durch Kolleg(inn)en freigegeben. In den 10 Jahren seit der Erstveröffentlichung dieses Bandes hat es eine Vielzahl von Abschluss- und Doktorarbeiten, aber auch eine Reihe von drittmittelgeförderten Projekten gegeben, in denen mit der dokumentarischen Interpretation narrativ-strukturierter Interviews gearbeitet wurde; manche habe ich selbst durchgeführt, manche auf Workshops etc. kennengelernt, andere sind mir nur aus Publikationen geläufig und einige sicher auch gänzlich unbekannt geblieben. In diesem Kapitel möchte ich auf einige Weiterentwicklungen eingehen, die mir nicht nur wesentlich, sondern auch sinnvoll erscheinen. Wie dies stets in den Sozialwissenschaften der Fall ist, gibt es jedoch nichts, was nicht diskussions- und kritikwürdig wäre. Gleichwohl habe ich, um trotz des anspruchsvollen Niveaus dieser Innovationen dem einführenden Charakter dieses Buchs Rechnung zu tragen, meine kritischen Anmerkungen auf ein Mindestmaß beschränkt; in einem eigenständigen Artikel diskutiere ich die hier dargestellten Weiterführungen dann ausführlicher (Nohl 2017).

Die dokumentarische Interpretation narrativ-strukturierter Interviews ist zum einen hinsichtlich ihres Analysefokus erweitert worden, sodass jenseits des kollektiven Orientierungsrahmens auch andere soziale Phänomene in den Blick kommen (Abschnitt 6.1). Durchaus hiermit zusammenhängend, gibt es eine längere Debatte darum, inwieweit (und wann) man in der Interpretation eher dem Einzelfall und seinem sequentiellen Aufbau und wann eher der komparativen Analyse und Typenbildung Rechnung tragen muss (Abschnitt 6.2). Auch die Typenbildung selbst wurde auf der Basis von Forschungserfahrungen um zwei neue Formen ergänzt (Abschnitt 6.3) und mit einem für die gesamte rekonstruktive Sozialforschung neuen Forschungsansatz, der Längsschnittanalyse, verknüpft (Abschnitt 6.4). Demgegenüber ist die Triangulation unterschiedlicher Erhebungsverfahren (Abschnitt 6.5) ein schon seit den ersten praktischen Erfahrungen mit der dokumentarischen Interpretation narrativer Interviews wichtiges Instrument, auf dem dann zum Teil auch der Mehrebenenvergleich (Abschnitt 6.6) aufbaut.

6.1 Analysefoki jenseits des kollektiven Orientierungsrahmens

Die zentralen Arbeiten zur Dokumentarischen Methode fokussieren kollektive Orientierungsrahmen, denen nicht nur in der Sozialisation eine zeitliche Primordialität zugesprochen wird (vgl. Bohnsack 2014, S. 64), sondern auch die größte Präge- und Strukturierungskraft für Praktiken überhaupt, insofern „nicht das isolierte Individuum, sondern ... die Gemeinschaft mit ihrem konjunktiven Erfahrungsraum und mit der Sprache zuerst entstand" (Mannheim 1980, S. 229). Die Dokumentarische Methode bleibt jedoch nicht bei der Analyse derartiger kollektiver Orientierungsrahmen, die weitgehende Bezüge zu Bourdieus Begriff des Habitus zulassen (vgl. dazu Bohnsack 2014, S. 69), stehen, sondern rekonstruiert die unterschiedlichen, einander überlappenden „konjunktiven Erfahrungsräume" (Mannheim 1980, S. 229), in denen sich die Orientierungsrahmen konstituieren. Auch die dokumentarische Interpretation narrativer Interviews hat zunächst vornehmlich kollektive Orientierungsrahmen und ihre Erfahrungshintergründe in den Blick genommen (so schon Bohnsack et al. 1995); zum Beispiel wurde in der Untersuchung zu spontanen Bildungsprozessen (siehe Kapitel 5 des vorliegenden Buchs) neben den in gleichartiger Weise durchlaufenen Bildungsphasen auch die Verankerung dieser Prozesse in lebensaltersspezifischen Erfahrungsräumen rekonstruiert.

Ohne die sozialisatorische und gesellschaftliche Primordialität kollektiver Orientierungsrahmen grundsätzlich in Frage zu stellen, ist die dokumentarische Interpretation narrativer Interviews mittlerweile aber auch dazu genutzt worden, *individuelle* Orientierungsrahmen herauszuarbeiten. Galt die individuelle Lebensgeschichte früher noch lediglich als Epiphänomen des Kollektiven (so in Bohnsack et al. 1995, tendenziell aber auch in Nohl 2006), so „setzen" Werner Helsper und Rolf-Torsten Kramer in einem von ihnen geleiteten DFG-Projekt zur Formung des Schülerhabitus im Zuge des Übergangs von der Primar- in die Sekundarstufe die „biografische Erfahrungsaufschichtung als *primären Erfahrungszusammenhang*, innerhalb dessen kollektive Orientierungen und konjunktive Erfahrungen angelegt sind, die jedoch an der individuellen Prozesslogik der Erfahrungsqualität der Bio-

6.1 Analysefoki jenseits des kollektiven Orientierungsrahmens

grafie ihren zentralen Referenz- und Bezugspunkt finden" (Kramer et al. 2009, S. 48; Hervorhebung von mir). Indem sie Bourdieus Habitus-Ansatz mit der Strukturtheorie Oevermanns kritisieren und ergänzen, begründen Helsper et al. (2013) diese anfängliche ‚Setzung' später auch grundlagentheoretisch: Insofern das Kind bei der intergenerationellen Transmission des familialen Habitus (der als solcher milieuspezifisch und mithin kollektiv ist) eine Reihe von Krisen – prominent: die Adoleszenzkrise – individuell, d.h. gerade nicht im Sinn einer unmittelbaren Übernahme „elterlicher Haltungen", durchlaufe und sich der Habitus des Kindes erst in der Bewältigung dieser Krisen forme, fassen sie die „Genese des Habitus als individuelle Strukturbildung" (ebd., S. 134). Da dieser „Prozess der Individuation einerseits strukturell analoge Krisenlagen durchläuft und andererseits zudem auf soziale Lagerungen und darin auf kollektive Einbettungen bezogen bleibt", sei der Habitus „notwendiger Weise immer beides zugleich – individuell und kollektiv" (ebd., S. 135).

Soweit die Primordialität des Kollektiven nicht durch eine einseitige Fokussierung des Individuellen abgelöst wird (hierzu tendiert Kramer 2016) – dies käme einer vollständigen Entkopplung der Dokumentarischen Methode von der Praxeologischen Wissenssoziologie gleich –, wird auf diese Weise der Anwendungsbereich der dokumentarischen Interpretation narrativer Interviews sinnvoll erweitert. Die Rekonstruktion der Verschränkung von individualbiographischer Erfahrung und kollektiver Einbettung (siehe hierzu auch Stauber 2014) ist nicht nur ein wichtiger Ansatzpunkt für Mehrebenen- und Längsschnittanalysen (dazu Abschnitte 6.4 und 6.6), sondern bietet auch die Möglichkeit, dem modus operandi der Reproduktions- und Transformationsprozesse zwischen Individuellem und Kollektivem auf die Spur zu kommen. Neben den o.g. theoretischen Reflexionen von Helsper et al. (2013) bieten hier Kramer et al. (2013) sowie Krüger et al. (2012 u. 2016) erste wichtige empirische Einblicke.

Eine weitere Modifikation des ursprünglichen Analysefokus der Dokumentarischen Methode hat sich in meinen eigenen Arbeiten – zunächst noch auf die empirische Forschung beschränkt und theoretisch unreflektiert – ergeben: Während sich der „Orientierungsrahmen" (Bohnsack 2014, S. 137), sei er individuell oder kollektiv, immer auf die ganze Breite eines Falles bezieht und hinsichtlich der unterschiedlichen Erfahrungsdimensionen, die ihn konstituieren, aufgeschlüsselt wird, lassen sich auch einzelne „*Handlungsorientierungen*" (Asbrand 2008) rekonstruieren. Diese können sich z.B. auf die Frage beziehen, wie man mit der Beschäftigung von Mitarbeiter(inne)n umgeht (siehe Kap. 4), auf die Interaktionskompetenzen von Pädagog(inn)en (Radvan 2010), von Entwicklungshelfer(inne)n und Auslandskorrespondent(inn)en (Schondelmayer 2010), auf die Art und Weise, wie man die eigenen Bildungsabschlüsse auf dem Arbeitsmarkt eines fremden

Landes verwertet (Nohl et al. 2014), oder auf den Aufbau und die Transformation von Wissen und Können (Nohl et al. 2015).

Während der Orientierungsrahmen die Weltbezüge von Menschen in ihrer Breite widerspiegelt,[16] liegen die Handlungsorientierungen auf einer Ebene darunter und bezeichnen den modus operandi des Bezugs auf *Ausschnitte* der Welt. Insofern die Handlungsorientierungen in ihrer Gesamtheit den Habitus ausmachen, zugleich aber keine „homologe Struktur bilden müssen, sondern auch widerstreitend und agonal vorliegen können", wird auch die Dynamik eines (individuellen oder kollektiven) Orientierungsrahmens (bzw., wie es oftmals synonym heißt, des Habitus) theoretisch plausibel. Denn dieser basiert auf dem „Zusammenspiel von unterschiedlichen Handlungsorientierungen, wobei beide, das Zusammenspiel wie auch die Handlungsorientierungen, praktischen Veränderungen unterworfen sein können" (Nohl et al. 2015, S. 218).

Der Bezug auf Handlungsorientierungen unterhalb der Ebene des Habitus bzw. Orientierungsrahmens bietet einerseits die Möglichkeit, das Wechselverhältnis zwischen diesen empirisch zu beleuchten (siehe exemplarisch: Nohl et al. 2015, S. 233-253). Andererseits eignet sich dieser Begriff gerade auch für die theoretische Fundierung der dokumentarischen Interpretation narrativ strukturierter Leitfadeninterviews (siehe Abschnitt 2.1). Denn in diesen geht es ja oftmals weniger um die ganze Breite der Weltbezüge eines Falls, sondern lediglich um spezifische Ausschnitte – im Fall des Experteninterviews etwa um den klar abgegrenzten Bereich der eigenen praktischen Expertise. Hier muss dann auch theoretisch reflektiert und empirisch ergründet werden, ob sich die Handlungsorientierungen überhaupt auf den (individuellen oder kollektiven) Habitus der Akteure beziehen lassen oder eher in Organisationen und ihren Organisationsmilieus fundiert sind (hierzu Nohl und Somel 2016, S. 108-247).

Eine dritte Erweiterung des Analysefokus findet sich in den von Alexander Geimer vorangetriebenen Arbeiten zu „*diskursiven Subjektfiguren*" (Geimer 2012, 2014). Diese richten sich – im Gegensatz zur üblichen Aufmerksamkeit für atheoretische und bisweilen konjunktive Erfahrungen – auf die Ebene des kommunikativen Wissens. Allerdings beziehen sich diskursive Subjektfiguren nicht (wie sonst für das kommunikative Wissen üblich) auf „institutionalisierte Rollenbeziehungen" und „konkrete Typen von Akteuren", sondern gewinnen ihre „normati-

---

16 Auch wenn bei Nohl et al. (2015) in (bildungs-)*theoretischer* Perspektive von der gesamten Breite bzw. der Totalität des Orientierungsrahmens die Rede ist, muss mit Bohnsack (2014, S. 191 ff) betont werden, dass die auf eine mehrdimensionale Typenbildung zielende *empirische* Rekonstruktion von Fällen immer aspekthaft ist und u.a. aufgrund der Standortgebundenheit der Forschenden nie den Anspruch erheben kann, den Fall bzw. seinen Orientierungsrahmen in seiner Totalität zu erfassen.

ve Kraft" durch eine „spezifische Vagheit" (Geimer 2014, S. 117) Zum Beispiel lässt sich in der Popmusik der „Imperativ eines authentischen Selbst" identifizieren (ebd., S. 124), der nicht im Detail festlegt, wie Authentizität zu erreichen ist, mit dem aber Musiker/innen in ihrer professionellen Praxis umgehen müssen. Solche Subjektfiguren „finden sich in Reflexionen und daher … in der Textsorte der Argumentation, deren Eigenlogik zu berücksichtigen und mit der Logik eines impliziten Wissens, die sich in Narrationen dokumentiert, zu relationieren ist" (Geimer 2012, S. 238). Geimer verweist hiermit auf die – in Kapitel 3 bereits angedeutete – Möglichkeit, neben den Erzählungen und Beschreibungen auch den argumentativen und evaluativen Textteilen größere Aufmerksamkeit zu widmen und diese „routinierten Reflexionen" (ebd.) auf ihren impliziten modus operandi hin zu untersuchen. Wie sich auch in den ersten Ergebnissen eines an diese Argumentation anschließenden DFG-Projekts zeigt (vgl. Amling und Geimer 2016; Geimer und Amling 2017), wird es auf diese Weise möglich, die „Schnittstelle, an der diskursive Regeln zur Führung des Selbst mit impliziten Rahmungen des Alltagshandelns zusammentreffen" (Geimer 2012, S. 234), zu rekonstruieren.

Wie in allen drei Erweiterungen des Analysefokus deutlich wird, geht es hier nicht primär darum, die der Dokumentarischen Methode (bislang) eigene Aufmerksamkeit für kollektive Orientierungsrahmen abzulösen oder zu ersetzen, sondern diese durch anders geschnittene Analysefoki (seien es der individuelle Orientierungsrahmen, Handlungsorientierungen oder diskursive Subjektfiguren) zu ergänzen. Auch wenn die Perspektive bisweilen zunächst in der empirischen Forschung erweitert wurde, ist auch die theoretische Fundierung dieser neuen Aufmerksamkeitszentren notwendig. Denn nur vor dem Hintergrund empirischer Evidenz *und* theoretischer Reflexion kristallisieren sich dann auch die Implikationen für weitere Neuerungen innerhalb der dokumentarischen Interpretation narrativer Interviews heraus.

6.2 Fallrekonstruktion und Sequenzanalyse

Dort wo anhand von narrativen Interviews der „individuelle Orientierungsrahmen" (Kramer et al. 2009, S. 43) untersucht wird, konzentriert sich die Analyse zunächst „auf die Erschließung der singulären Logik des einzelnen Falls" (ebd., S. 70). Eine solche Analyse des vollständigen Einzelfalls findet sich – auch wenn dies nicht immer explizit wird – überall dort, wo mit der Dokumentarischen Methode Biographien – und gegebenenfalls auch „Prozessstrukturen des Lebensablaufs" (Schütze 1983b) – analysiert werden (so auch schon bei Bohnsack et al. 1995 u. Nohl 2006). Denn nur wenn in den einzelnen narrativ-biographischen Interviews die Eigenstrukturiertheit des Falles in den Blick gerät, kann auch dessen Einbettung in kollektive Orientierungsrahmen und unterschiedlich dimensionierte konjunktive Erfahrungsräume rekonstruiert werden. Im Rahmen der Biographieanalyse bedingen insofern Einzelfallanalyse und die auf kollektive Erfahrungsdimensionen bezogene soziogenetische Typenbildung einander.

Eine solche Habitusrekonstruktion auf der Basis biographischer Erzählungen kann nicht bei der Analyse einer einzigen Sequenz (etwa zur Einschulung, s. Kap. 3) oder Passage stehen bleiben, sondern muss untersuchen, wie sich die anhand der ersten Sequenz – und ihrer vergleichenden Kontrastierung mit den thematisch ähnlichen Sequenzen anderer Fälle – erarbeiteten Habitusinterpretationen anhand weiterer zu interpretierender Sequenzen dieses Falles erhärten, differenzieren und/oder erweitern lassen. Der „Blickwinkel der Sequenzanalyse" erweitert sich also „mit der Hinzunahme jeder weiteren Sequenz und gleichzeitig wächst das empirisch rekonstruierte und verifizierte (valide) Wissen über eine dem Fall zugrundeliegende Habitusformation" (Kramer et al. 2013, S. 90).

Während eine „vollgültige Sequenzanalyse" (Kramer 2016, S. 14) im Sinne der Objektiven Hermeneutik aber immer und ausschließlich auf der Interpretation des Einzelfalls aufbaut, ist die Sequenzanalyse der Dokumentarischen Methode nicht nur immer schon komparativ angelegt (vgl. Bohnsack 2001; siehe dazu Kapitel 3); sie insistiert – wenn es nicht um die Erforschung von Biographien und individuellen Orientierungsrahmen geht – auch nicht auf einer über den ganzen Fall (bis zur Herausbildung und Bestätigung der zentralen Rekonstruktionshypothese) fortgesetzten Sequenzanalyse. Denn erstens ermöglicht der Vergleich von Sequenzen unterschiedlicher Fälle, in denen ähnliche Themen und Problematiken behandelt werden (z.B. das Herausfallen aus dem Beruf und die Auflösung der Familie bei Seniorinnen, s. dazu Kap. 5), erst die Identifizierung von kollektiven Erfahrungsdimensionen, in denen die Einzelfälle eingebettet sind, und eine hieran anschließende (soziogenetische) Typenbildung. Nur so kann aber das Ineinander von individuellem Orientierungsrahmen und kollektiven Erfahrungsstrukturen empirisch evident werden. Zweitens sollte man dem Umstand Rechnung tragen, dass etwa Handlungsorientierungen (siehe Abschnitt 6.1) überhaupt nicht in einem übergreifenden individuellen Habitus fundiert sein müssen, sondern auch mit anderen sozialen Gebilden, vor allem Organisationen und deren Organisationsmilieus, verknüpft sein können. Die implizite Regelhaftigkeit der Bearbeitung von Themen und Problemen, die z.B. für eine Organisation spezifisch sind, lässt sich aber nur unter Heranziehung weiterer Interviews mit den Mitgliedern derselben Organisation und in Abgrenzung zu den Regelhaftigkeiten in anderen Organisationen (und d.h. zu den Interviews mit deren Mitgliedern) herausarbeiten. Hier würde die Typenbildung also gar nicht auf eine intensive Einzelfallanalyse folgen, sondern bereits an die vergleichende Rekonstruktion weniger (thematisch einschlägiger) Sequenzen anknüpfen.

6.3 Relationale und prozessanalytische Typenbildung

Im Unterschied zur Objektiven Hermeneutik und anderen auf den Einzelfall fokussierten Auswertungsverfahren werden mit der Dokumentarischen Methode nicht die Fälle bzw. Fallstrukturen als solche typisiert (indem man etwa eine Gruppe ähnlicher Fälle hinsichtlich ihres übergreifenden Habitus von dem übergreifenden Habitus anderer Fälle unterscheidet), sondern Aspekte und Dimensionen von Fällen. Neben den etablierten Formen der sinngenetischen und soziogenetischen Typenbildung (vgl. Bohnsack 2013), wie sie auch in diesem Buch beschrieben wurden, haben sich aus der Forschungspraxis zwei weitere Formen der Typenbildung herauskristallisiert: die relationale und die prozessanalytische Typenbildung.

Die *relationale Typenbildung* knüpft ebenso wie die soziogenetische Typenbildung an eine mehrdimensionale, d.h. unterschiedlichen Aspekten des Forschungsgegenstandes Rechnung tragende, sinngenetische Typenbildung an. Doch wird mit ihr nicht aufgezeigt, wie die in den jeweiligen Dimensionen typisierten Orientierungen in spezifischen Erfahrungshintergründen verankert sind, die Orientierungen werden also nicht soziogenetisch typisiert. Vielmehr wird herausgearbeitet, wie die Orientierungen, die in unterschiedlichen Dimensionen zu finden waren, *miteinander* zusammenhängen. Hier ist dann kaum noch von vollständigen Orientierungsrahmen zu sprechen, die den Fall in seiner Breite widerspiegeln; vielmehr haben wir es vornehmlich mit Handlungsorientierungen zu tun, die nur Aspekte bzw. Ausschnitte des Weltbezugs konstituieren.

Die Relationen typisierter (Handlungs-)Orientierungen zeigen sich zunächst in Einzelfällen, können mit fortschreitender Analyse aber auch fallübergreifend identifiziert und auf diese Weise typisiert werden. Hierfür muss überprüft werden, ob eine spezifische Relation typisierter Orientierungen, die bislang nur in einem Fall zu finden war, auch in anderen Fällen aufgewiesen und zugleich von anderen Relationen typisierter Orientierungen, die in weiteren Fällen vorliegen, abgegrenzt werden kann. Derartige typisierte Relationen typischer Orientierungen stehen am Endpunkt der relationalen Typenbildung. Diese Form der Typenbildung ist aus der Erfahrung heraus entstanden, dass eine soziogenetische Typenbildung nicht immer gelingt, gleichwohl aber Zusammenhänge zwischen unterschiedlichen sinngenetischen Typiken aufzudecken sind. Da die relationale Typenbildung in einem weiteren Buch dieser Reihe (Nohl 2013) ausführlich beschrieben worden ist, braucht sie hier nicht weiter erläutert zu werden.

Während die soziogenetische und relationale Typenbildung der Rekonstruktion von Orientierung(srahm)en und deren Zusammenhang mit Erfahrungsräumen oder weiteren Orientierungen gewidmet sind, geht es der *prozessanalytischen Typenbildung* um die Art und Weise der Genese von Orientierungsrahmen bzw. „um die Prozesse der Entwicklung, Strukturierung und gegebenenfalls Modifizierung eines Habitus" (Rosenberg 2012, S. 194). Eine solche Genese wurde bereits in einer Reihe von Studien (vgl. u.a. Thomsen 2009), insbesondere in Bezug auf Bildungsprozesse, rekonstruiert, wobei dann die Phasen dieser Prozesse in ihrer Sequentialität typisiert werden (s. auch Kap. 5). Wo jedoch nur *ein* solcher Prozessverlauf – innerhalb einer Phasentypik – herausgearbeitet wird, ist diese Rekonstruktion stark vom „Interpretationshintergrund" (Rosenberg 2012, S. 199) der Forschenden und damit deren Standortgebundenheit abhängig. Wie Rosenberg (2011 u. 2016) anhand eigener umfassender Untersuchungen zeigen kann, wird dagegen durch die „empirische Kontrastierung von Prozessen mit Prozessen" (Rosenberg 2012, S. 199) nicht nur die Standortgebundenheit besser kontrollierbar; vielmehr werden zum einen unterschiedliche Prozessverläufe sichtbar (wodurch dann z.b., theoretisierend, Bildungs- von Lernprozessen unterschieden werden können; siehe Rosenberg 2016), zum anderen lassen sich auch die Gemeinsamkeiten, die unterschiedliche Verläufe übergreifen, herausarbeiten. So haben wir z.B. in der Reanalyse von 31 Bildungsprozessen einen übergreifenden Verlauf anhand von Bildungsphasen typisiert, zugleich aber – den fallübergreifenden Unterschiedlichkeiten der Bildungsprozesse Rechnung tragend – aufgezeigt, wie dieser Verlauf in den unterschiedlichen Phasen noch einmal spezifiziert wird (siehe Nohl et al. 2015, S. 31-74; siehe auch Thomsen 2016).

6.4 Längsschnittanalyse

Wenn derartige Prozessverläufe anhand von retrospektiven (biographischen) Erzählungen herausgearbeitet werden, ergibt sich, zumindest wenn es im Zuge dieses Prozesses zu einer Veränderung des Orientierungsrahmens gekommen ist, ein methodisches Problem: Die Art und Weise der Schilderung, aber auch das, was über frühere Erfahrungen erzählt wird, wird durch jenen Orientierungsrahmen, der zum Zeitpunkt des Interviews aktuell ist, (mit) geprägt. Ein unmittelbarer Zugriff auf frühere, inzwischen transformierte Orientierungsrahmen ist also unmöglich, sodass sich „ein alter modus operandi ... zwar im Was, jedoch weitestgehend nicht mehr im Wie der Erzählung" andeutet (Rosenberg 2011, S. 101). Aus diesem Grunde widmen sich Bildungsstudien (wie jene in Kapitel 5 vorgestellte) auch vornehmlich dem Verlauf dieser Prozesse, weniger den Orientierungsrahmen vor dem Transformationsgeschehen.

6.4 Längsschnittanalyse

Will man dennoch einen empirisch validen Zugriff auf Orientierung(srahm)en zu Beginn des Prozessverlaufs haben, muss man eine Längsschnittanalyse anfertigen. So haben Kramer et al., um die Übergänge in unterschiedliche Schul(form)en der Sekundarstufe zu untersuchen, mit Schüler(inne)n „am Ende der 4. Klasse (t 1), am Anfang der 5. Klasse (t 2) und in der 7. Klasse (t 3)" narrative Interviews geführt und diese auf die sich in ihnen dokumentierenden „schul- und bildungsbezogenen Orientierungsrahmen" hin rekonstruiert (2013, S. 93). In ihrer Untersuchung zu „Wegen in und aus jugendkulturellem Rauschtrinken" haben Litau et al. (2015, S. 25) in „drei Erhebungswellen über einen Zeitraum von fünf Jahren" narrativ-biographische Interviews mit Jugendlichen geführt und dokumentarisch interpretiert. Und Krüger et al. (2012) haben einzelne Heranwachsende und ihre Peergroups (diese dann mit Gruppendiskussionen) in der 5., 7. und 9. Klassenstufe befragt, um Veränderungen im individuellen Habitus wie auch der Bedeutung der Peergroup zu rekonstruieren. Gleich wie viele Erhebungszeitpunkte es gibt, ist hier der Hinweis von Köhler und Thiersch hilfreich, „dass zunächst im Querschnitt recht offen die jeweiligen Orientierungsrahmen gefasst werden" sollen, damit „die Analyse des Datenmaterials der zweiten Erhebungswelle nicht durch die Frage nach möglicher Stabilität oder Transformation der Orientierungen vorschnell enggeführt wird" (2013, S. 37). Erst werden also die jeweiligen Querschnittstypologien für die einzelnen Erhebungszeitpunkte erstellt und diese dann über die konstant bleibenden Fälle miteinander in Verbindung gebracht.

Da es sich bei derartigen Längsschnittstudien nicht um kontinuierliche Langzeitbeobachtungen, sondern um die zeitliche Aneinanderreihung von verschiedenen Erhebungszeitpunkten handelt, bekommen sie zwar valide die Unterschiede hinsichtlich der Orientierung(srahm)en zwischen zwei oder mehreren Zeitzuständen in den Blick und sind damit der Rekonstruktion von einmaligen biographischen Erzählungen zu diesen Orientierung(srahm)en deutlich überlegen. Aber auch Längsschnittanalysen erlauben keinen unmittelbaren Zugriff auf den Prozessverlauf selbst, da sie hinsichtlich der Erfahrungen zwischen den Erhebungszeitpunkten – ähnlich wie bei einmalig durchgeführten narrativen Interviews – immer auf die Erzählungen über Vergangenes angewiesen sind, die aber vom aktuellen Orientierungsrahmen überformt sein können. Eine gewisse Kontrolle ist hier dann möglich, wenn zu allen Erhebungszeitpunkten t_{1+n} auch Narrationen zur Vergangenheit angeregt werden, die sich mindestens bis zum vorangegangenen Erhebungszeitpunkt erstrecken. Damit ist dann zwar nicht der Prozess als solcher, ohne die Überlagerung durch den aktuellen Orientierungsrahmen, identifizierbar, aber zumindest lässt sich erkennen, wie stark der Orientierungsrahmen des vorangegangenen Erhebungszeitpunktes vom aktuellen Orientierungsrahmen überlagert wird (siehe z.B. Kramer et al. 2013; Krüger et al. 2012).

Würden solche Längsschnittanalysen lediglich auf den individuellen Orientierungsrahmen bzw. Habitus der Interviewpartner/innen beschränkt bleiben und deren unterschiedliche Reproduktions- und/oder Transformationsverläufe rekonstruieren, so läge als deren Ergebnis eine längsschnittlich fundierte, prozessanalytische Typenbildung vor. In den genannten Studien ist diese Prozesstypik jedoch um andere Typisierungen erweitert worden: Kramer et al. (2013, S. 216ff) haben die Veränderungen im bildungsbezogenen Habitus der Schüler/innen in einen Zusammenhang mit deren Erfahrungen beim Übergang in die Sekundarstufe wie auch mit ihren Peergroup-Bezügen und der jeweils besuchten Schulform gestellt. Litau et al. (2015) rekonstruieren zunächst in einer sinngenetischen Typologie die Handlungsorientierungen der Jugendlichen in unterschiedlichen Dimensionen (z.b. Familienbeziehungen, Peergroup-Bezüge, Trinkpraktiken), um diese typisierten Handlungsorientierungen dann anhand von ausgewählten „Ankerfällen" (ebd., S. 265) in ihrem zeitlichen Prozessverlauf zu rekonstruieren. Und Krüger hat mit seinen Mitarbeiterinnen nicht nur eine „Längsschnittbasistypologie" zum „sich wandelnden Stellenwert der Peers für die schulische Bildungsbiografie" erarbeitet, sondern auch die „soziogenetische Einbettung dieser Typen in verschiedenen schulische und familiale Bildungsmilieus" typisierend rekonstruiert (Krüger und Deppe 2014, S. 258; siehe auch Krüger et al. 2012 u. Krüger 2016).

Soweit man nicht – in prozessanalytischer Absicht – an der Unterschiedlichkeit der Verlaufsformen selbst interessiert ist, sondern herausarbeiten möchte, wie sich die (typisierten) Relationen von Handlungsorientierungen oder die soziogenetische Verankerung von Orientierungsrahmen in Erfahrungsräumen über die Zeit hinweg verändert, stellt der Einzelfall nicht mehr das Zentrum der Längsschnittanalyse, sondern nur deren forschungspraktisches Vehikel dar. „Auch im Zeitverlauf ist der Fall lediglich Repräsentant für spezifische konjunktive Erfahrungsräume [und Relationen von Handlungsorientierungen; AMN], die sich allerdings in Veränderung befinden" (Asbrand et al. 2013, S. 8). Solche Veränderungen können sich aus dem Wandel, Hinzutreten oder Wegfallen einzelner Erfahrungsräume bzw. Handlungsorientierungen ergeben, wie dies z. B. beim Wechsel von Institutionen bzw. Organisationen (etwa von der Grundschule in die weiterführende Schule) geschieht. Man fertigt hier zunächst für jeden Erhebungszeitpunkt eine soziogenetische oder relationale Typenbildung an, um die so identifizierten Erfahrungsräume oder Relationen von Handlungsorientierungen dann in Bezug auf die unterschiedlichen Erhebungszeitpunkte miteinander zu kontrastieren. In der Längsschnittanalyse kommt mithin zu den ohnehin für die Typenbildung notwendigen komparativen Analysen nur noch eine „zusätzliche Vergleichsdimension" (ebd.) dazu.

6.5 Triangulation unterschiedlicher Erhebungsverfahren

Die dokumentarische Interpretation narrativer Interviews ist oftmals mit anderen Methoden kombiniert worden. Ohne hier auf eigene oder fremde Studien eigens eingehen zu können, erscheint es angebracht, an einige grundsätzliche Punkte und Unterscheidungen zu erinnern.

In der qualitativen Forschung lassen sich Methoden in verschiedener Weise triangulieren: So kann man quantitative mit qualitativen Zugängen kombinieren (dies ist ein zu breites und komplexes Thema, als dass ich hier darauf eingehen könnte), unterschiedliche Erhebungsverfahren verwenden oder sich auf verschiedene Auswertungsverfahren stützen. Dabei sollte die prinzipielle Einbindung der Erhebungs- und insbesondere der Auswertungsverfahren in Grundlagentheorien beachtet werden (vgl. Bohnsack 2005). Zum Beispiel sind das biographisch-narrative Interview mit spezifischen biographietheoretischen und das Gruppendiskussionsverfahren mit prägnanten milieutheoretischen Annahmen verbunden (vgl. Bohnsack 2014, S. 115 ff). Noch stärker verankert in theoretischen Reflexionen sind die Auswertungsverfahren, die Objektive Hermeneutik etwa in der Strukturtheorie, die Dokumentarische Methode in der praxeologischen Wissenssoziologie. Jede Triangulation von Erhebungs- und Auswertungsverfahren muss diese Hintergrundtheorien (und ihre Kompatibilitätsprobleme) berücksichtigen.

Dabei erscheint eine *Triangulation unterschiedlicher Auswertungsverfahren*, wenn sie denn diese grundlagentheoretischen Differenzen nicht einfach übergehen will, außerordentlich anspruchsvoll. Wo sie dennoch in Angriff genommen wird, kommt es idealer Weise nicht nur zu einer einfachen Addition, sondern zu einer Erweiterung der empirischen Rekonstruktionsweise. Dies scheint gerade dort zu gelingen, wo eine der zu kombinierenden Auswertungsverfahren dominant ist und durch die andere erweitert wird. Zum Beispiel finden sich bei Kramer (2016) Überlegungen dazu, wie die Objektive Hermeneutik durch Elemente der Dokumentarischen Methode ergänzt werden kann. Und auch die dokumentarische Interpretation narrativer Interviews ist ja durch eine „Integration verschiedener Verfahren der Datenanalyse im Rahmen der Methodologie der Dokumentarischen Methode" (Schittenhelm und Küchel 2013, S. 98), namentlich durch die Integration von Schützes Narrationsstrukturanalyse, entstanden. Bei diesem Vorgehen müssen dann auch Brücken zwischen den verschiedenen Hintergrundtheorien aufgebaut werden. Letztlich erscheint eine solche Integration von Auswertungsverfahren für die Anliegen eines ‚lediglich' am Forschungsgegenstand interessierten Projektes aber als zu aufwändig.

Eine *Triangulation unterschiedlicher Erhebungsverfahren* ist dagegen besonders sinnvoll, wenn sich diese Daten in ihrer grundlegenden Verschiedenheit mittels *eines* Auswertungsverfahrens interpretieren lassen. Hierzu eignen sich solche Auswertungsverfahren, die „insofern polymorph" sind, „als sie auf verschiedene Erhebungsverfahren und Datensorten anwendbar" sind. Dass man hierbei „modifizierte Schritte der Datenanalyse zu beachten" hat (Schittenhelm und Küchel 2013, S. 98), bildet ja ohnehin die Basis des vorliegenden Buches, in dem die Schritte der Dokumentarischen Methode in Bezug auf die Analyse narrativ strukturierter Interviews modifiziert wurden.

Da „jede Methode den Gegenstand, der mit ihr erforscht bzw. abgebildet werden soll, auf spezifische Weise konstituiert" (Flick 2011, S. 17), gilt es für eine Triangulation der Erhebungsverfahren, „unterschiedliche Kategorien von Gegenstandsbereichen miteinander zu verknüpfen bzw. aufeinander zu beziehen" (Bohnsack et al. 1995, S. 428). Experteninterviews, Gruppendiskussionen und videographierte Beobachtungen sollten also nicht einfach addiert (oder gar ihnen eine wechselseitige Validierungsmöglichkeit unterstellt) werden; vielmehr sollten die Forschenden theoretische Rechenschaft darüber ablegen können, welche Aspekte des Gegenstandes sie mit welchen Erhebungsverfahren beleuchten und wie sie diese begrifflich fassen. Beispielsweise ist das narrativ-biographische Interview für die „Darstellung des persönlichen Habitus" und der „persönlichen Identität" prädestiniert, während in Gruppendiskussionen Milieuzugehörigkeiten und konjunktive Erfahrungen aktualisiert werden (ebd., S. 429). Erst wenn diese unterschiedlichen Grundbegriffe (z.B. „persönlicher Habitus" und „Milieu") theoretisch miteinander verknüpft worden sind, lassen sich die mit den Erhebungsverfahren gewonnenen empirischen Daten auch aufeinander beziehen. Dass dies nur zur Erweiterung der empirischen Forschung, nicht aber zu einer „wechselseitigen Validierung der Daten" (ebd., S. 430) beitragen kann, liegt auf der Hand.

6.6 Mehrebenenvergleich

Eine „komplexe Gegenstandskonzeption" (Helsper et al. 2010, S. 119) ist auch für die Mehrebenenanalyse vonnöten, gilt es hier doch, einer Forschungsfrage dadurch nachzugehen, dass man das Zusammenspiel unterschiedlicher sozialer Entitäten auf verschiedenen Ebenen der Gesellschaft rekonstruiert. Um die Bedeutung der einzelnen empirischen Rekonstruktionen einschätzen und jene aufeinander beziehen zu können, ist es wichtig, die sozialen Entitäten, die hier analysiert werden, auch theoretisch relationieren zu können.

Die dokumentarische Interpretation narrativer Interviews ist, erstens, in einer methodentriangulierenden Mehrebenenanalyse genutzt worden (vgl. u.a. Krüger et al. 2012; Nohl und Somel 2016), in der jede soziale Entität und Ebene sich in den

6.6 Mehrebenenvergleich

empirischen Daten eines spezifischen Erhebungsverfahrens widerspiegelt. Während in einem solchen Design es u.U. schwierig sein kann, die „‚Anschlussstellen' für andere Sinnebenen", d.h. die Verknüpfungspunkte für die sozialen Entitäten zu identifizieren (Helsper et al. 2010, S. 123), lassen sich die empirischen Daten – über das jeweilige Erhebungsverfahren – relativ einfach den einzelnen Sinnebenen und sozialen Entitäten zuordnen.

Demgegenüber stehen die Forscher den dort, wo sie, zweitens, ausschließlich oder vornehmlich anhand von narrativ-biographischen Interviews mehrere Ebenen und soziale Entitäten rekonstruieren wollen, vor einer anderen Herausforderung: Hier ist es überhaupt nicht notwendig, Anschlussstellen zu identifizieren, da man ja ohnehin nur *ein* Erhebungsverfahren, also eine Sorte von empirischen Daten, hat. Doch müssen hier in der Interpretation der Interviews die unterschiedlichen Ebenen und sozialen Entitäten valide voneinander getrennt werden. Diese Herausforderung kann nur mittels extensiver Vergleiche bewältigt werden, wobei dort, wo solche komparativen Analysen über mehrere Fälle unterschiedlicher Ebenen hinweg durchgeführt werden, besondere methodische Vorkehrungen (Stichwort: „typologisch situierte Fallgruppen") hilfreich sind. Wie genau dies geht, lässt sich in dem bereits erwähnten Buch (Nohl 2013) nachlesen, in dem ich ausführlich die Potentiale und Wege des Mehrebenenvergleichs diskutiert habe.

Fazit und Ausblick 7

Die Dokumentarische Methode eignet sich – dies ist mittlerweile evident – nicht nur zur Auswertung von Gruppendiskussionen, teilnehmender Beobachtung, Bildern und Videos, sondern auch zur Interpretation jeder Art von offenen Interviews. Insbesondere wenn sich empirische Untersuchungen auf Interviews stützen, die in Erzählungen und Beschreibungen fundiert sind (seien diese biographisch angelegt oder leitfadenorientiert), kann für deren Auswertung auf die Dokumentarische Methode zurückgegriffen werden.

Die dokumentarische Interpretation narrativ fundierter Interviews stand im Zentrum dieses Buches. Sie beginnt mit der *formulierenden Interpretation*, innerhalb derer *thematische Verläufe* aufgeschrieben und zu transkribierende Interviewpassagen identifiziert werden, so dass nach der Transkription die *formulierende Feininterpretation* erfolgen kann. Die Auswertung von Interviews wird fortgesetzt mit der *reflektierenden Interpretation*, in der die formalen Aspekte der Stegreiferzählungen im Rahmen der *Textsortendifferenzierung* und die semantischen Aspekte in der *komparativen Sequenzanalyse* Berücksichtigung finden. Obgleich bereits die formulierende und reflektierende Interpretation auf dem Vergleich mit kontrastierenden Fällen basieren, lassen sich die Potentiale der *komparativen Analyse* erst in der *Typenbildung* voll ausschöpfen. Beschränkt sich die *sinngenetische Typenbildung* noch auf die Identifizierung und Typisierung von Orientierungen in ihrer Unterschiedlichkeit, so zielt man mit der *soziogenetischen Typenbildung* darauf ab, die sozialen Zusammenhänge, in denen die einzelnen typisierten Orientierungen entstehen, herauszuarbeiten. Hierzu wird die Überlappung und Überlagerung einer Typik durch andere Typiken, d. h. die *Mehrdimensionalität* der Typologie, herausgearbeitet. Insofern hier die Reichweite und Grenzen der Typiken sichtbar gemacht werden können, dient die mehrdimensionale, soziogenetische Typenbildung auch der *Generalisierung* der empirischen Ergebnisse.

Wie sich in Kapitel 6 gezeigt hat, ist die dokumentarische Interpretation narrativer Interviews in vielfältiger Weise aufgegriffen und weiterentwickelt worden. Einige dieser Fortführungen sind bereits weitgehend konsolidiert, andere müssen sicherlich noch weiter ausgeleuchtet und erprobt werden. Gerade in solchen Weiterentwicklungen wird evident, dass die Kritik- und Diskussionsfreudigkeit, die die qualitative Sozialforschung und gerade auch die Dokumentarische Methode prägt, ein wichtiger Katalysator von Innovationen sein kann. Insofern ist zu hoffen, dass auch in Zukunft neue Ideen zur dokumentarischen Interpretation narrativer Interviews entstehen, erprobt und dann zur Diskussion gestellt werden können.

Sollte auch die fünfte Auflage dieses Bandes den Lesern und Leserinnen dabei helfen, ihre eigenen empirischen Untersuchungen durchzuführen, spannende Forschungsergebnisse zu erzielen und vielleicht auch weitere methodische Innovationen in Gang zu setzen, hat das Schreiben und Überarbeiten dieser Seiten mir nicht nur Freude bereitet, sondern ist auch von Nutzen gewesen.

Literaturverzeichnis 8

Amling, S., Geimer, A. (2016): Techniken des Selbst in der Politik – Ansatzpunkte einer Dokumentarischen Subjektivierungsanalyse. In: Forum Qualitative Sozialforschung (Online) 17 (3), Art. 18

Asbrand, B. (2008): Globales Lernen aus der Perspektive qualitativ-rekonstruktiver Forschung: Wie erwerben Jugendliche Wissen und Handlungsorientierung in der Weltgesellschaft? In: Zeitschrift für Internationale Bildungsforschung und Entwicklungspädagogik 31 (1), S. 4–8

Asbrand, B., Pfaff, N., Bohnsack, R. (2013): Editorial: Rekonstruktive Längsschnittforschung in ausgewählten Gegenstandsfeldern der Bildungsforschung. In: Zeitschrift für Qualitative Forschung 14 (1), S. 3–12

Bogner, A., Menz, W. (2002): Das theoriegenerierende Experteninterview. In: Bogner, A., Littig, B., Menz, W. (Hrsg.): Das Experteninterview. Opladen, S. 33–70

Bohnsack, R. (1989): Generation, Milieu und Geschlecht – Ergebnisse aus Gruppendiskussionen mit Jugendlichen. Opladen

Bohnsack, R. (2001): Dokumentarische Methode: Theorie und Praxis wissenssoziologischer Interpretation. In: Hug T. (Hrsg.) Wie kommt Wissenschaft zu Wissen? Bd. 3. Baltmannsweiler, S 326–345

Bohnsack, R. (2005): Standards nicht-standardisierter Forschung in den Erziehungs- und Sozialwissenschaften. Zeitschrift für Erziehungswissenschaft, Beiheft 4 (Standards und Standardisierung in der Erziehungswissenschaft), S. 65–83

Bohnsack, R. (2011): Qualitative Bild- und Videointerpretation. Die dokumentarische Methode. Opladen

Bohnsack, R. (2013): Typenbildung, Generalisierung und komparative Analyse. In: Bohnsack, R., Nentwig-Gesemann, I., Nohl, A.-M. (Hrsg): Die dokumentarische Methode und ihre Forschungspraxis. Grundlagen qualitativer Sozialforschung. Wiesbaden, S. 241–270

Bohnsack, R. (2014): Rekonstruktive Sozialforschung. Einführung in Methodologie und Praxis qualitativer Forschung. Opladen (9. Auflage)

Bohnsack, R., Fritzsche, B., Wagner-Willi, M. (2014) (Hrsg.): Dokumentarische Video- und Filminterpretation. Opladen

Bohnsack, R., Loos, P., Schäffer, B., Städtler, K., Wild, B. (1995): Die Suche nach Gemeinsamkeit und die Gewalt der Gruppe. Hooligans, Musikgruppen und andere Jugendcliquen. Opladen

Bohnsack, R., Michel, B., Przyborski, A. (2015) (Hrsg.): Dokumentarische Bildinterpretation. Methodologie und Forschungspraxis. Opladen

Bohnsack, R., Nentwig-Gesemann, I., Nohl, A.-M. (2013a) (Hrsg.): Die dokumentarische Methode und ihre Forschungspraxis. Grundlagen qualitativer Sozialforschung. Wiesbaden

Bohnsack, R., Nentwig-Gesemann, I., Nohl, A.-M. (2013b): Einleitung: Die dokumentarische Methode und ihre Forschungspraxis. In: Dies. (Hrsg.): Die dokumentarische Methode und ihre Forschungspraxis. Wiesbaden, S. 9–32

Bohnsack, R., Nohl, A.-M. (2013): Exemplarische Textinterpretation: Die Sequenzanalyse der dokumentarischen Methode. In: Bohnsack, R., Nentwig-Gesemann, I., Nohl, A.-M. (Hrsg): Die dokumentarische Methode und ihre Forschungspraxis. Grundlagen qualitativer Sozialforschung. Wiesbaden, S. 325–329

Bohnsack, R., Przyborsky, A., Schäffer, B. (2010) (Hrsg): Das Gruppendiskussionsverfahren in der Forschungspraxis, 2. Aufl. Opladen

Bourdieu, P. (1991): Die feinen Unterschiede. Frankfurt am Main

Bourdieu, P. (1993): Sozialer Sinn. Frankfurt am Main

Flick, U. (2011): Triangulation – eine Einführung. Wiesbaden

Fritzsche, B. (2003): Pop-Fans. Studie einer Mädchenkultur. Opladen

Garfinkel, H. (1967): Studies in Ethnomethodology. Englewood Cliffs/New Jersey

Geimer, A. (2012): Bildung als Transformation von Selbst- und Weltverhältnissen und die dissoziative Aneignung von diskursiven Subjektfiguren in posttraditionellen Gesellschaften. In: Zeitschrift für Bildungsforschung 2 (3), S. 229–242

Geimer, A. (2014): Das authentische Selbst in der Popmusik Zur Rekonstruktion von diskursiven Subjektfiguren sowie ihrer Aneignung und Aushandlung mittels der Dokumentarischen Methode. In: Österreichische Zeitschrift für Soziologie 39 (2), S. 111–130

Geimer, A., Amling, S. (2017): Muster und Aporien der Subjektivierung in der professionellen Politik. Zur Rekonstruktion hegemonialer Subjektfiguren im Rahmen der praxeologischen Wissenssoziologie. Erscheint in: Spies, T., Tuider, E. (Hrsg.): Biographie und Diskurs. Wiesbaden

Glaser, B.G., Strauss, A. (1969): The Discovery of Grounded Theory. Chicago

Güvercin, G. (2014): Informal Workplace Practices and Learning Experiences of Permanent and Hourly-Paid Teachers: A Comparative Study. Dissertation an der Bosphorus Universität. Istanbul

Helsper, W., Hummrich, M., Kramer, R.-T. (2010): Qualitative Mehrebenenanalyse. In: Friebertshäuser, B., Prengel, A. (Hrsg.): Handbuch Qualitative Forschungsmethoden in der Erziehungswissenschaft. Weinheim und München, S. 119–135

Helsper, W., Kramer, R.-T., Thiersch, S. (2013): Orientierungsrahmen zwischen Kollektivität und Individualität ontogenetische und transformationsbezogene Anfragen an die dokumentarische Methode. In: Loos, P., Nohl, A.-M., Przyborski, A., Schäffer, B. (Hrsg.): Dokumentarische Methode. Grundlagen – Entwicklungen – Anwendungen. Opladen, S. 111–140

Henkelmann, Y. (2007): Ärzte in der Fremde. Berlin

Henkelmann, Y. (2012): Migration, Sprache und kulturelles Kapital: Die Relevanz von Sprachkenntnissen bei der Arbeitsmarktpositionierung migrierter AkademikerInnen. Wiesbaden

Hoffmann-Riem, C. (1980): Die Sozialforschung einer interpretativen Soziologie. Kölner Zeitschrift für Soziologie und Sozialpsychologie 32, S. 339–372

8 Literaturverzeichnis

Hunold, M. (2012): Lernen und Biographie. Theoretische Überlegungen und empirische Rekonstruktionen von Lernorientierungen in der Lebensgeschichte von parteipolitisch engagierten Menschen. Berlin

Kallmeyer, W., Schütze, F. (1977): Zur Konstitution von Kommunikationsschemata der Sachverhaltsdarstellung. In: Wegner, D. (Hrsg): Gesprächsanalysen. Hamburg, S. 159–274

Kauppert, M. (2010): Erfahrung und Erzählung. Zur Topologie des Wissens. Wiesbaden

Köhler, S.-M., Thiersch, S. (2013): Schülerbiografie in einer dokumentarischen Längsschnittperspektive. In: Zeitschrift für Qualitative Forschung 14 (1), S. 33–47

Kramer, R.-T. (2016): Sequenzanalytische Habitusrekonstruktion – Methodologische Überlegungen zu einer neuen Methode der Habitushermeneutik. Erscheint in: Heinrich, M./Wernet, A. (Hrsg.): Rekonstruktive Bildungsforschung – Zugänge und Methoden. Wiesbaden: Springer VS

Kramer, R.-T./Helsper, W./Thiersch, S./Ziems, C. (2009): Selektion und Schulkarriere. Kindliche Orientierungsrahmen beim Übergang in die Sekundarstufe I. – Studien zur Schul-und Bildungsforschung. Bd. 29. Wiesbaden

Kramer, R.-T./Helsper, W./Thiersch, S./Ziems, C. (2013): Das 7. Schuljahr. Wandlungen des Bildungshabitus in der Schulkarriere?. Wiesbaden

Krüger, H.-H. (2016): Exklusive Bildungskarrieren und die Relevanz von Peerkulturen – Einleitung. In: Ders., Keßler C., Winter, D. (Hrsg): Bildungskarrieren von Jugendlichen und ihre Peers an exklusiven Schulen. Wiesbaden, S. 1–20

Krüger, H.-H., Deinert, A., Zschach, M. (2012): Jugendliche und ihre Peers. Freundschaftsbeziehungen und Bildungsbiografien in einer Längsschnittperspektive. Opladen

Krüger, H.-H., Deppe, U. (2014): Habitustransformationen von Schülerinnen im Verlauf der Sekundarstufe I und die Bedeutung der Peers. In: Helsper, W., Kramer, R.-T., Thiersch, S. (Hrsg.): Schülerhabitus. Wiesbaden, S. 250–273

Krüger, H.-H., Marotzki, W. (1999) (Hrsg): Handbuch erziehungswissenschaftliche Biographieforschung. Opladen

Küsters, I. (2009): Narrative Interviews. Grundlagen und Anwendungen, 2. Aufl. Wiesbaden

Litau, J., Stauber, B., Stumpp, G., Walter, S., Wißmann, C. (2015): Jugendkultureller Alkoholkonsum. Riskante Praktiken in riskanten biografischen Übergängen. Wiesbaden

Loos, P., Schäffer, B. (2001): Das Gruppendiskussionsverfahren. Opladen

Loy, C. (2016): Was motiviert zur Bildungsmigration nach Deutschland? Erfahrungen und Orientierungen von jungen Männern aus dem Libanon und aus Jordanien. Dissertation an der Helmut Schmidt Universität. Hamburg

Luhmann, N. (1988): Funktion und Kausalität. In: Ders.: Soziologische Aufklärung I. Opladen, S. 9–30

Mannheim, K. (1964): Beiträge zur Theorie der Weltanschauungsinterpretation. In: Ders.: Wissenssoziologie. Neuwied S. 91–154

Mannheim, K. (1980): Strukturen des Denkens. Frankfurt a. M.

Mannheim, K. (1985): Ideologie und Utopie. Frankfurt a. M.

Marotzki, W. (1990): Entwurf einer strukturalen Bildungstheorie. Weinheim

Maschke, S., Schittenhelm, K. (2005): Integratives qualitatives Forschungshandeln. Kombinierte Anwendungsformen der dokumentarischen Methode in den Sozial- und Erziehungswissenschaften. Zeitschrift für Soziologie der Erziehung und Sozialisation 25 (3), S. 325–335

Matthes, J. (1992): The operation called „Vergleichen". In: Ders. (Hrsg): Zwischen den Kulturen? Göttingen, S. 75–99

Meuser, M., Nagel, U. (1994): Expertenwissen und Experteninterview. In: Hitzler, R., Honer, A., Maeder, C. (Hrsg): Expertenwissen. Opladen, S. 180–192

Meuser, M., Nagel, U. (2002): ExpertInneninterviews – vielfach erprobt, wenig bedacht. Ein Beitrag zur qualitativen Methodendiskussion. In: Bogner, A., Littig, B., Menz, W. (Hrsg): Das Experteninterview. Opladen, S. 71–93 (ursprünglich: 1991)

Meuser, M., Nagel, U. (2003): Experteninterview. In: Bohnsack, R., Marotzki, W., Meuser, M. (Hrsg): Hauptbegriffe Qualitativer Sozialforschung. Opladen, S. 57–58

Meuser, M., Nagel, U. (2009): Das Experteninterview – konzeptionelle Grundlagen und methodische Anlage. In: Pickel, S., Pickel, G., Lauth, H.-J., Jahn, D. (Hrsg.): Methoden der vergleichenden Politik- und Sozialwissenschaft. Wiesbaden, S. 465–479

Nentwig-Gesemann, I. (2013): Die Typenbildung der dokumentarischen Methode. In: Bohnsack, R,, Nentwig-Gesemann, I., Nohl, A.-M. (Hrsg): Die dokumentarische Methode und ihre Forschungspraxis. Wiesbaden, S. 295–323

Nohl, A.-M. (1995): Erziehung und Lernen in der türkischen Ökologiebewegung. Hrsg. von der Forschungsgruppe Umweltbildung. Berlin

Nohl, A.-M. (2001): Migration und Differenzerfahrung. Junge Einheimische und Migranten im rekonstruktiven Milieuvergleich. Opladen

Nohl, A.-M. (2006): Bildung und Spontaneität. Phasen biographischer Wandlungsprozesse in drei Lebensaltern – Empirische Rekonstruktionen und pragmatistische Reflexionen. Opladen

Nohl, A.-M. (2007): Komparative Analyse: Forschungspraxis und Methodologie dokumentarischer Methode. In: Bohnsack, R., Nentwig-Gesemann, I., Nohl, A.-M. (Hrsg): Die dokumentarische Methode und ihre Forschungspraxis. Wiesbaden, S. 255–276

Nohl, A.-M. (2013): Relationale Typenbildung und Mehrebenenvergleich: Neue Wege der Dokumentarischen Methode. Wiesbaden

Nohl, A.-M. (2016a): Dokumentarische Methode und die Interpretation öffentlicher Diskurse. In: Zeitschrift für Diskursforschung 4 (2), S. 116–136

Nohl, A.-M. (2016b): Grundbegriffe und empirische Analysen als wechselseitige Spiegel: Potentiale eines reflexiven Verhältnisses zwischen Grundlagentheorie und rekonstruktiver Empirie. In: Kreitz, R., Miethe, I., Tervooren, A. (Hrsg): Theorien in der qualitativen Bildungsforschung – Qualitative Bildungsforschung als Theoriegenerierung. Opladen, S. 105–122

Nohl, A.-M. (2017): Reflexionen zur dokumentarischen Interpretation narrativer Interviews. Erscheint in: Sozialer Sinn

Nohl, A.-M., Rosenberg, F. v., Thomsen, S. (2015): Bildung und Lernen im biographischen Kontext. Empirische Typisierungen und praxeologische Reflexionen. Wiesbaden

Nohl, A.-M., Schäffer, B., Loos, P., Przyborski, A. (2013): Einleitung: Zur Entwicklung der dokumentarischen Methode durch Ralf Bohnsack. In: Loos, P., Nohl, A.-M., Przyborski, A., Schäffer, B. (Hrsg.): Dokumentarische Methode. Opladen, S. 9–40

Nohl, A.-M., Schittenhelm, K., Schmidtke, O., Weiß, A. (2006): Kulturelles Kapital in der Migration – ein Mehrebenenansatz zur empirisch-rekonstruktiven Analyse der Arbeitsmarktintegration hochqualifizierter MigrantInnen. In: Forum Qualitative Sozialforschung 7 (3), Art. 14 [url: http://www.qualitative-research.net/fqs-texte/3–06/06–3-14-d.htm]

Nohl, A.-M., Schittenhelm, K., Schmidtke, O., Weiß, A. (2014): Work in Transition. Cultural Capital and highly skilled migrants' passages into the labour market. Toronto

Nohl, A.-M., Schondelmayer, A.-C. (2006): Existenzgründung als zweite Chance: Bildungs- und Lernprozesse in der Lebensmitte. In: Fritzsche, B., Nohl, A.-M., Schondelmayer, A.-C.: Biographische Chancen im Entrepreneurship. Berlin, S. 95–249

Nohl, A.-M., Somel, R. N. (2016): Education and Social Dynamics: A Multilevel Analysis of Curriculum Change in Turkey. [Studies in Curriculum Theory Series]. London/New York

Oevermann, U. (2000): Die Methode der Fallrekonstruktion in der Grundlagenforschung sowie der klinischen und pädagogischen Praxis. In: Kraimer, K. (Hrsg): Die Fallrekonstruktion. Frankfurt a. M., S. 58–156

Polanyi, M. (1985): Implizites Wissen. Frankfurt a. M.

Przyborski, A. (2004): Gesprächsanalyse und dokumentarische Methode. Qualitative Auswertung von Gesprächen, Gruppendiskussionen und anderen Diskursen. Opladen

Radvan, H. (2010): Beobachtung und Intervention im Horizont pädagogischen Handelns. Eine empirische Studie zum Umgang mit Antisemitismus in Einrichtungen der offenen Jugendarbeit. Bad Heilbrunn

Rosenberg, F. von (2011): Bildung und Habitustransformation: Empirische Rekonstruktionen und bildungstheoretische Reflexionen. Bielefeld

Rosenberg, F. von (2012): Rekonstruktion biographischer (Bildung-)Prozesse. Überlegungen zu einer prozessanalytischen Typenbildung. In: Miethe, I., Müller, H.-R. (Hrsg.): Qualitative Bildungsforschung und Bildungstheorie. Opladen, S. 193–208

Rosenberg, F. von (2016): Lernen, Bildung und Kulturelle Pluralität. Wiesbaden

Schäffer, B. (1996): Die Band. Stil und ästhetische Praxis im Jugendalter. Opladen

Schäffer, B. (2003): Generation Medien Bildung. Medienpraxiskulturen im Generationenvergleich. Opladen

Schäffer, B. (2006): Gruppendiskussionen lehren und lernen. Aspekte einer rekonstruktiven Didaktik qualitativer Forschung. In: Bohnsack, R., Przyborski, A., Schäffer, B. (Hrsg): Das Gruppendiskussionsverfahren in der Forschungspraxis. Opladen, S. 285–299

Schittenhelm, K., Küchel, J. (2013): Dokumentarische Bildungsund Übergangsforschung. Mehrperspektivität durch Methodentriangulation. In: Loos, P., Nohl, A.-M., Przyborski, A., Schäffer, B. (Hrsg.): Die dokumentarische Methode. Opladen, S. 92–108

Schondelmayer, A.-C. (2010): Interkulturelle Handlungskompetenz: Entwicklungshelfer und Auslandskorrespondenten in Afrika. Eine biographisch-narrative Studie. Bielefeld

Schütze, F. (1976): Zur Hervorlockung und Analyse von Erzählungen thematisch relevanter Geschichten im Rahmen soziologischer Feldforschung. In: Arbeitsgruppe Bielefelder Soziologen (Hrsg): Kommunikative Sozialforschung. München, S. 159–260

Schütze, F. (1978): Die Technik des narrativen Interviews in Interaktionsfeldstudien – dargestellt an einem Projekt zur Erforschung von kommunalen Machtstrukturen. Arbeitsberichte und Forschungsmaterialien Nr. 1 der Fakultät für Soziologie der Universität Bielefeld. Bielefeld (Typoskript, 2. Auflage)

Schütze, F. (1983a): Biographieforschung und narratives Interview. Neue Praxis 3 (3), S. 283–293

Schütze, F. (1983b): Prozeßstrukturen des Lebensablaufs. In: Matthes, J., Pfeifenberger, A., Stosberg, M. (Hrsg): Biographie in handlungswissenschaftlicher Perspektive. Nürnberg, S. 67–156

Schütze, F. (1984): Kognitive Figuren des autobiographischen Stegreiferzählens [1]. In: Kohli, M., Günther, R. (Hrsg): Biographie und soziale Wirklichkeit. Stuttgart, S. 78–117

Schütze, F. (1987): Das narrative Interview in Interaktionsfeldstudien. Studienbrief der Universität Hagen, Teil 1. Hagen

Schütze, F. (2008a): Biography Analysis on the Empirical Base of Autobiographical Narratives: How to Analyse Autobiographical Narrative Interviews Part I. Online-Publikation [http://www.uni-magdeburg.de/zsm/projekt/biographical/1/B2.1.pdf; Zugriff: 30.6.16]

Schütze, F. (2008b): Biography Analysis on the Empirical Base of Autobiographical Narratives: How to Analyse Autobiographical Narrative Interviews Part II. Online-Publikation [http://www.uni-magdeburg.de/zsm/projekt/biographical/1/B2.2.pdf; Zugriff: 30.6.16]

Schütze, F. (2014): Autobiographical accounts of war experiences. An outline for the analysis of topically focused autobiographical texts. In: Qualitative Sociology Review, 10, S. 224–283 [http://www.qualitativesociologyreview.Org/ENG/Archive_Eng.Php, Zugriff: 30.6.16].

Somel, N. (2016): Mehrdimensionale Hintergründe von Bildungsungleichheit in der Türkei: Eine qualitative Untersuchung zu Familien mit niedrigem Einkommen, ihren Kinder und deren Lehrern. Dissertationsprojekt an der Helmut-Schmidt-Universität. Hamburg

Stauber, B. (2014): Backspin, Freeze und Powermoves. Zur Gestaltung biografischer Übergänge im jugendkulturellen Bereich. Wiesbaden

Thomsen, S. (2009): Akademiker aus dem Ausland – Biographische Rekonstruktionen zur Statuspassage in den Arbeitsmarkt. Berlin

Thomsen, S. (2016): Bildung und Lernen im Kontext sozialer Bewegungen. Dissertationsprojekt an der Helmut-Schmidt-Universität. Hamburg.

Tippelt, R. (1998): Zum Verhältnis von Allgemeiner Pädagogik und empirischer Bildungsforschung. Z Erziehungswiss 1 (2), S. 239–260

Vogd, W. (2004): Ärztliche Entscheidungsprozesse des Krankenhauses im Spannungsfeld von System- und Zweckrationalität. Eine qualitativ rekonstruktive Studie unter dem besonderen Blickwinkel von Rahmen („frames") und Rahmungsprozessen. Berlin

Witzel, A. (1982): Verfahren der qualitativen Sozialforschung – Überblick und Alternativen. Frankfurt a. M./New York

Witzel, A. (1985): Das problemzentrierte Interview. In: Jüttemann, G. (Hrsg): Qualitative Forschung in der Psychologie. Weinheim u. Basel, S. 227–255

Wohlrab-Sahr, M. (2002): Prozessstrukturen, Lebenskonstruktionen, biographische Diskurse. In: BIOS 15 (1), S. 3–23

Anhang: Richtlinien der Transkription 9

Folgende Richtlinien gelten für die Transkription:[17]

(3) bzw. (.):	Anzahl der Sekunden, die eine Pause dauert, bzw. kurze Pause
nein:	betont
. :	stark sinkende Intonation
, :	schwach steigende Intonation
vielleich-:	Abbruch eines Wortes
nei::n:	Dehnung, die Häufigkeit von : entspricht der Länge der Dehnung
haben=wir:	schleifend, ineinander übergehend gesprochene Wörter
(doch):	Unsicherheit bei der Transkription
( ):	unverständliche Äußerung, je nach Länge
((stöhnt)):	parasprachliche Ereignisse
@nein@:	lachend gesprochen
@(.)@:	kurzes Auflachen
//mmh//:	Hörersignal des Interviewers
L:	Überlappung der Redebeiträge
°nein°:	sehr leise gesprochen

---

17 Vgl. Bohnsack 2014, S. 253f.

The manufacturer's authorised representative in the EU is Springer Nature Customer Service Centre GmbH, Europaplatz 3, 69115 Heidelberg, Germany. If you have any concerns regarding our products, please contact ProductSafety@springernature.com

Printed and bound by CPI Group (UK) Ltd, Croydon, CR0 4YY

23/03/2026

02076393-0005